Birnen- und Quitten
in Schleswig-Holstein

Birnen- und Quitten in Schleswig-Holstein
Sorten Geschichten Rezepte

Meinolf Hammerschmidt

mit Zeichnungen von Walter Karberg
Fotografien von Steffi Brügge
und Rezepten zusammengestellt
von Gabriele Schmidt

Wachholtz

Titelseite: Packhams Triumpf, Riesenquitte von Leskovac

Alle Rechte der Verbreitung, auch durch Film, Funk und Fernsehen, fotomechanische Wiedergabe, Ton- und Bildträger jeder Art, auszugsweisen Nachdruck oder Einspeicherung und Rückgewinnung in Datenverarbeitungsanlagen aller Art, sind vorbehalten.

ISBN 978-3-529-05766-3

© 2011 Wachholtz Verlag, Neumünster

Vorwort

In diesem Buch geht es um die Früchte des Birnbaumes und um Menschen, die sich um die Birnen bemüht und zum Teil fantasievoll beschrieben haben. Es werden Geschichten über Gärten erzählt, in denen Birnbäume standen und manchmal auch heute noch wachsen. Birnbaumbesitzer finden neben vielen Sortenbeschreibungen auch Anleitungen zum Schnitt des Baumes, zur zeitgerechten Ernte, zur Haltbarkeit der Sorten und zu Themen wie Befruchtungsbiologie und Birnengitterrost.

Neben der Birne hat auch die ihr verwandte Quitte in diesem Buch einen Platz gefunden. Sie ist eine Frucht, die schon im alten Griechenland eine besondere Rolle spielte und dort als „cydonischer Apfel" bezeichnet wurde. Neben der wie ein Apfel geformten Quitte gibt es verschiedene Birnenquitten, die leicht mit der echten Birne verwechselt werden können. Es werden verschiedene Quittensorten vorgestellt und ihre Empfindlichkeiten genannt.

Dieses Buch möchte sensibilisieren und die Sinne schärfen für eine bedrohte Vielfalt von Kulturpflanzen, die eng an die Menschen gebunden waren und heute in Vergessenheit geraten sind.

Die Sortendarstellungen sind einzigartig und nach natürlichen Modellen aus Schleswig-Holsteins Gärten angefertigt worden.

Zu den Geschichten und Sorten gibt es im zweiten Teil dieses Buches eine große Auswahl an Rezepten von Speisen, die aus Birnen und Quitten hergestellt werden und unseren Speiseplan bereichern. Die Palette der Köstlichkeiten reicht vom Entree bis zum Dessert. Einige Rezepte sind typisch norddeutsch, andere finden überall in Deutschland Verwendung. Die Fotos zu den Rezepten machen schon allein beim Anschauen große Lust aufs Probieren.

Ihnen viel Freude und neue Erkenntnisse beim Lesen und viel Vergnügen beim Ausprobieren der Rezepte mit Birnen und Quitten!

Wofür der Begriff „Birne" sonst noch herhalten muss? Der Kopf ist in vielen Redewendungen die Birne, z. B. die, die man sich gestoßen hat. Dorthin steigt so manchem bei übermäßigem Genuss der Alkohol, dort hakt es aus, wenn man von etwas genervt ist. Den Begriff „Birne" gibt es außerdem im technischen Bereich: Man denke an die alte Glühbirne, welcher die klassische Form einer Birne gegeben wurde. Die Sparbirnen tragen zwar immer noch ihren Namen, haben aber oft mit der Birne nichts mehr gemein.

Inhalt

8	**Geschichten und Sorten**
9	Pyrus communis – die Birne
13	Die Birnbäume vom Armenberg
15	Gellerts Butterbirne
16	Die Birnen aus dem Hochdorfer Garten/Eiderstedt
18	Die verbotenen Birnen
21	Birnbäume aus der Schloss-Baumschule in Plön im Jahre 1796
23	Olivier de Serres
24	Der Birnbaum von Lundsgaard
28	Graf Moltke
29	Die „köstlichsten Birnen aus Hamburg"
31	Frühe von Trevoux
32	Aus dem Pastoratsgarten in die Bauerngärten
34	Birnensorten-Empfehlung für Schleswig-Holstein von 1898
35	Neue Poiteau
36	Die Birne im Spalier
38	Die Kräfte der Birne
40	Einteilung der Birnensorten, nach Karl Friedrich Eduard Lucas (1816–1882)
45	Clara Fries
46	Zur Pflege des Birnbaumes
49	Befruchtungsverhältnisse bei Birnen

50	Der richtige Pflück- und Genussreifezeitpunkt der Birne
53	Tirlemont
54	Das Problem ‚Birnengitterrost'
56	Pomarium Anglicum: Auffanglager und Lieferant alter Obstsorten
59	Birnen, Bohnen und Speck
62	Cydonia – die Quitte

69	**Rezepte**
72	Aperitif gefällig?
74	Birnen in Salaten und Snacks
84	Birnen und ihr häufigster Begleiter: Käse
90	Birnen in Hauptgerichten
98	Birnen als Dessert und im Kuchen
108	Birne haltbar – Kompotte, Chutneys und Marmeladen

114	Rezepte mit Quitten

Geschichten und Sorten

Pyrus communis – die Birne

Die Entwicklung der Birne in Schleswig-Holstein

Die Birne gilt als die wärmeliebende Schwester des Apfels, der im meereskühlen Land Schleswig-Holstein als Nummer 1 des Kernobstes gilt. Er fühlt sich hier wohl und entwickelt unter den Bedingungen des Seeklimas besonders aromatische Früchte. Ist das bei der Birne auch so?

Im Vergleich zu einer Vielzahl von wiederentdeckten historischen Apfelsorten, die einst im Knick oder am Bahndamm entstanden sind und zu echten Schleswig-Holsteinern wurden, bleiben die Birnensorten an Zahl und guten Eigenschaften etwas bescheiden im Hintergrund. Sie haben es ungleich schwerer als ihre „Brüder", sich durchzusetzen, fortzupflanzen und spontan neue Bäume und ansprechende Sorten zu bilden.

Frankreich, Belgien, Italien und selbst Süddeutschland hatten und haben bessere Entwicklungsbedingungen für die Birne. So manche der sehr edlen Birnensorten, die heute in unserem Land mehr oder weniger gut gedeihen, stammen ursprünglich von südlicheren Standorten. Belgien und Frankreich brachten zudem durch züchterische Leistung im 19. Jahrhundert herausragende Sorten hervor, die heute in aller Welt, zum Teil sogar noch in den Obstabteilungen unserer Supermärkte, zu finden sind.

Aus diesem Füllhorn europäischer Birnensorten bediente sich auch

Gute Louise von Avranche

Schleswig-Holstein. Es wollte auf die Kostbarkeit des Birnengenusses nicht verzichten – und das in Zeiten, als z. B. Orangen, Bananen und Ananas, die wir heute so selbstverständlich und in Mengen konsumieren, noch als exotische Früchte oder Delikatessen galten. Für die Normalbevölkerung war die oft schlanke, süß-weiche Birne lange unerreichbar. Die Birne war eher ein Privileg der besser Situierten. Sie hatte deshalb, im Gegensatz zum Apfel, einen Sonderstatus, war äußerst begehrt und manchmal Gegenstand von Obststilleben, die wir in Gemäldeausstellungen bewundern können.
Ins Land gekommen, gedieh die Birne zunächst in Guts- und Schlossgärten. Sortenlisten der alten Güter, auch hier im Norden, geben darüber Auskunft. Viele Birnensorten wurden ausprobiert. Die Gärtner unterlagen im 19. Jahrhundert einem regelrechten Birnenrausch. Im Monatsblatt für Gartenbau, Nr. 12, vom Dezember 1866, wird in „Pomologischen Beobachtungen" von neu importierten Birnensorten berichtet: Da ist die Rede von Napoleons Butterbirne, Oberdiecks Mausebirne, der Friedrich von Württemberg, der Grünen Hoyerswerder, der Muskierten Wintereierbirne, der Seckel Pear, der Stuttgarter Geishirtenbirne, der Poire Pêche (Pfirsichbirne), von der Colmar d'Été, der Herbst-Sylvester, der Kamper Venus, der Terkolem Zuckerbirne und vielen anderen Birnensorten.

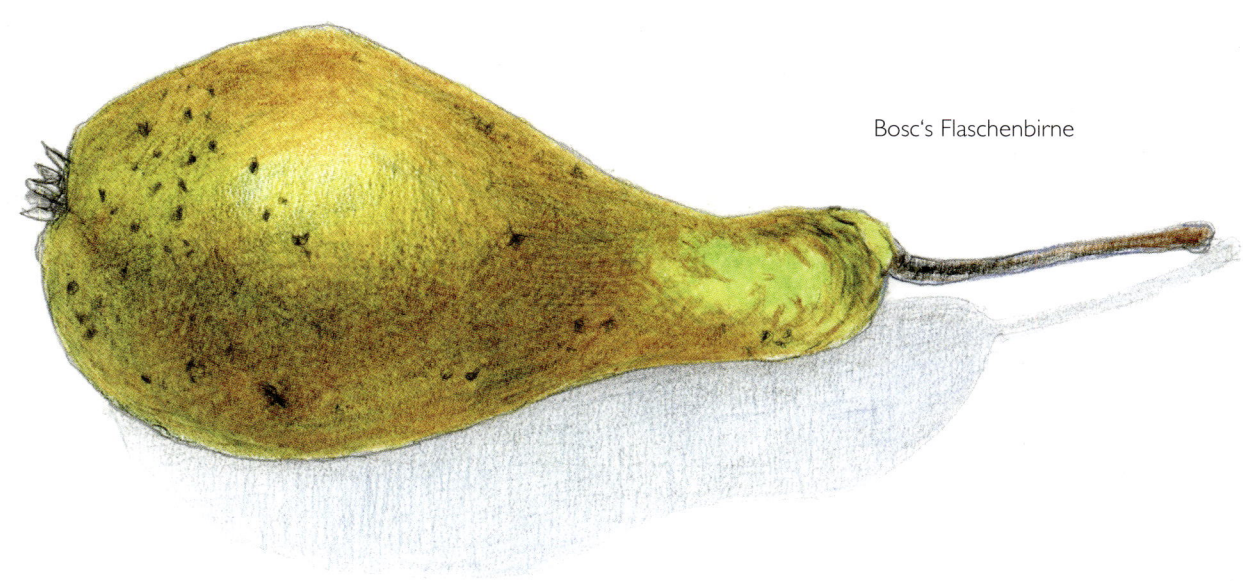

Bosc's Flaschenbirne

Prof. Dr. Seelig

Die damalige Fachwelt wird bei so mancher Sorte schnell festgestellt haben, dass sie bei den üblichen Haltungsmethoden in Schleswig-Holstein nicht gedeihen konnte. Der Pomologe Prof. Dr. Seelig, unterstützt durch den Obstwanderlehrer Lesser, legte in der zweiten Hälfte des 19. Jahrhunderts in Kiel einen großen Obstsortengarten an. In dieser Obstsortensammlung standen auch viele Birnbäume, herbeigeholt aus aller Herren Länder, die nach Seeligs Tod 1908 zum Teil in den landeseigenen Sortenmuttergarten übernommen wurden. In einer von der Versuchs- und Lehrwirtschaft für Gartenbau in Kiel 1930 herausgegebenen Sortenliste sind nur 70 Birnensorten aufgeführt. Darin tauchen die meisten der oben genannten Sorten nicht mehr auf.

Die Herkunft der Birne, „Pyrus communis", ist nicht gesichert. Fachleute schreiben dazu, dass sie eine Kreuzung aus der heimischen Wildbirne (oder Holzbirne) und zwei bis drei anderen Birnenarten sei und über Jahrtausende vom Menschen selektiert wurde. Wie schon den Apfel und den Wein liebten die Römer auch die Birne, beschrieben sie und brachten die ersten Sorten

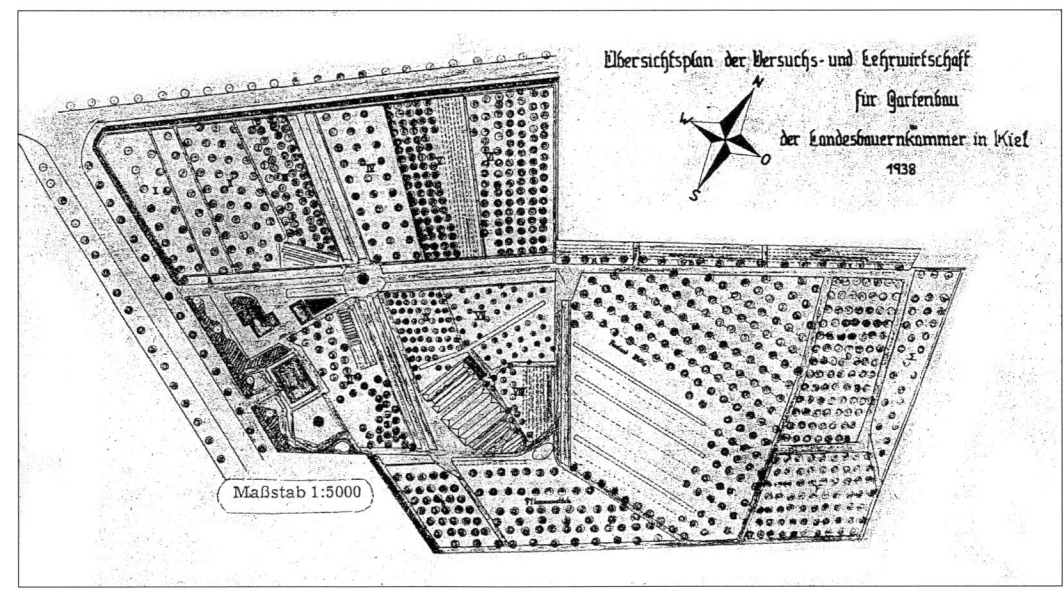

Übersichtsplan der Versuchs- und Lehrwirtschaft für Gartenbau einschließlich des Obsortenmuttergartens der Landesbauernkammer in Kiel im Jahr 1938

über die Alpen nach Norden. Benediktiner- und Zisterzienserklöster machten sich in der Birnenkultur einen Namen. In klösterlichen Aufzeichnungen waren vor 1600 schon mehr als 50 Birnensorten benannt und beschrieben worden.

Birnen sind im Vergleich zum Apfel, bis auf einige Ausnahmen bei der Pflückreife, in Sommer oder Herbst auch bald genussreif, d.h., sie müssen rasch gegessen oder verarbeitet werden. Einige Sorten haben eine so kurze Genussreifezeit, dass sie schon mehlig oder teigig sind, wenn sie vom Baum herunterfallen, wie z. B. die Sorte „Gute Graue".

Neben der köstlichen Frucht lieferte der Birnbaum als Medizinalpflanze auch wertvolle Heilmittel für die Menschen.

„Wiste ‚ne Beer?" – Theodor Fontanes Gedicht „Herr von Ribbeck auf Ribbeck im Havelland"

Theodor Fontane wirft mit seinem bekannten Gedicht über den Birnbaum des Herrn von Ribbeck ein Licht auf die gesellschaftlichen Verhältnisse des 18. Jahrhunderts: Die Leuchtkraft der reifen Birnen in von Ribbecks Park löste bei den Betrachtern die Lust auf Birnengenuss aus. Aber da waren die unüberwindbaren Gutsmauern. Zu seinen Lebzeiten hatte von Ribbeck die eine oder andere Birne in seinen Hosentaschen durch das Tor hinausgetragen und an Kinder verteilt, für die Süßes, vor allem eine saftige, reife Birne etwas ganz Besonderes war. Um diese rührende Versorgung der Kinder mit Birnen zu sichern (auch vor seinem hartherzigen Sohn), hatte Herr von Ribbeck angesichts seines bevorstehenden Abschiedes von dieser Welt angeordnet, eine der Früchte des Baumes mit in sein Grab legen zu lassen. Symbolisch überwindet die Birne damit die „Gefangenschaft" hinter unüberwindbaren Mauern. Sie wird erreichbar für die „Normalbevölkerung". Das geschah in einer Zeit großer gesellschaftlicher Umbrüche. Fontanes Gedicht wird so zu einem Spiegel der sozialen Verhältnisse der Zeit.

Die Birnbäume vom Armenberg

Am Rand der Innenstadt von Bad Oldesloe liegt der „Armenberg", ein Hügel, der bis vor 20 Jahren einen der schönsten alten Obstbaumbestände Schleswig-Holsteins beherbergte. Die Bezeichnung „Armenberg" stammt aus alter Zeit, als das St.-Jürgen-Hospital, das sich um die Armen in der Stadt kümmerte, dort Ländereien besaß und eventuell auch Arme ansiedelte. Im Umfeld des Hügels soll angeblich auch eine Kapelle gestanden haben.

In Reihen den Hügel hinauflaufend standen die alten knorrigen Stämme, oft geneigt unter einer viel zu schwer gewordenen Krone. In den hohlen Stämmen hatten Meise, Star und Kleiber eine willkommene Heimat gefunden. Mitten in diesem Obstparadies stand das kleine Haus des ehemaligen Besitzers, der den Garten im Wandel der Zeit nicht aufgegeben hatte. Damit hatte er, möglicherweise eher unbewusst, eine breite Sortenvielfalt von Apfel, Birne und anderen Obstarten erhalten.

Diesem Stück Kultur und ökologischer Nische im städtischen Umfeld drohte in den 90er-Jahren des vergangenen Jahrhunderts das Ende, nachdem der Besitzer verstorben war. In direkter Nachbarschaft zur Innenstadt war hier ein Wohngebiet mit knapp 30 Eigenheimen geplant – das sichere Ende einer langen Geschichte. Doch es formierte sich Widerstand in der Stadt gegen das Projekt. Die Naturschutzverbände NABU und BUND trugen gemeinsam mit

Madame Verté

dem Umweltamt der Stadt Bad Oldesloe ihre Bedenken vor. Obstbäume sind im Gegensatz zu anderen Laubgehölzen nur in seltenen Fällen Bestandteil von Baumschutzsatzungen, unterliegen keinem besonderen Schutz, zumal sie als Kulturpflanzen gelten, über die der Besitzer verfügen kann. Trotzdem war in diesem Fall auch die Denkmalschutzbehörde eingeschaltet worden. Ein pomologisches Gutachten über das vorhandene Sortiment und eine Bewertung des Zustandes der Bäume wurden in Auftrag gegeben. Das Gutachten kam zu dem Ergebnis, dass der Bestand mit seinem interessanten, historischen Sortiment erhaltenswürdig ist. So kam es zu einem Kompromiss: Die geplante Anzahl der Gebäude wurde reduziert und dadurch blieben Obstbäume erhalten, die heute noch auf den unterschiedlichen Grundstücken stehen.

In der Nähe des alten, kleinen Hauses auf dem Hügel standen einige alte Birnbäume, die, obwohl sie ihre ersten 100 Jahre bereits hinter sich hatten, im Gegensatz zu anderen Obstgehölzen am Armenberg bei der Bestandsaufnahme einen vitalen Eindruck machten. Birnbäume haben auf guten Standorten in Schleswig-Holstein nicht selten ein gesegnetes Alter von über 200 Jahren erreichen können. Auch die Birnbäume vom Armenberg schienen sich dieses Ziel gesteckt zu haben. Überraschenderweise starben sie aber im Jahr nach der Erstellung des Baumgutachtens ab. Man habe sie deshalb leider entfernen müssen, hieß es lapidar. Bedauerlicherweise konnten die Sorten mangels Früchten nicht festgestellt und auch keine Edelreiser zur Nachzucht entnommen werden.

In den folgenden Jahren wurde im Obstgarten „Am Armenberg" gebaut. Einige der neuen Anwohner des Armenberges haben sich den Erhalt der alten, ehrwürdigen Bäume zum Ziel gesetzt, pflegen diese und ernten in jedem Jahr das reichlich anfallende Obst. Zum Teil sind junge Obstbäume nachgepflanzt worden, um den Charakter dieses Fleckens Kulturlandschaft zu bewahren.

Gräfin von Paris

Gellerts Butterbirne

Als „Beurré Hardy" kam die Sorte im 19. Jahrhundert nach Deutschland, wobei unklar blieb, ob sie aus Belgien oder Frankreich stammt. In Belgien wird der Züchter „von Mons", in Frankreich dagegen, „Bonnet" aus Bologne-sur-Mer als der Herausgeber dieser weit verbreiteten Sorte genannt. Der deutsche Pomologe Oberdieck gab der Birne um 1840 den heutigen Namen. Er bekam die Birne aus Belgien.
Die großen rostfarbenen Früchte kommen Ende September zur Reife und halten bei günstiger Lagerung 2-3 Wochen. Sie hat schmelzendes Fruchtfleisch mit würzigem Aroma und gilt als hervorragende Tafelbirne. Der Baum hat keinen besonderen Anspruch an Standort und Boden.

Gellerts Butterbirne

Die Birnen aus dem Hochdorfer Garten/Eiderstedt

Birnbäume haben es im Land zwischen den Meeren nicht leicht. Sie sind vom Wetter abhängiger, mögen es wärmer und sonniger als Apfelbäume. Am Ende von kühlen und nassen Sommern sind die Früchte hier oft jämmerlich schwarz und verschorft, mit aufgerissener Schale und faulen Stellen. Nur an wenigen Standorten scheint das feucht kühle Nordseewetter den Birnen nicht so viel auszumachen. Und zu diesen günstigen Standorten gehört die von der Nordsee umspülte Halbinsel Eiderstedt in Nordfriesland.

Der Sommergast, der vom Süden kommend bei Tönning Eiderstedt erreicht hat und auf der Fahrt zu seinem Feriendomizil in Strandnähe den Ort Tating durchquert, ahnt nicht, welches Kleinod er sprichwörtlich links liegen lässt. An der Ortsausfahrt Richtung Westen liegt etwas versteckt der Hochdorfer Garten. Dieser Baumgarten, mit einem typisch nordfriesischen Haubarg auf der Westseite, ist eine Besonderheit unter Schleswig-Holsteins historischen Gärten. In diesem Garten stehen u.a. zwei uralte Birnbäume.

Schauen wir uns den Garten zunächst einmal etwas näher an: Er ist deutlich zweigegliedert. Da ist zum einen der 1764 angelegte Barockgarten

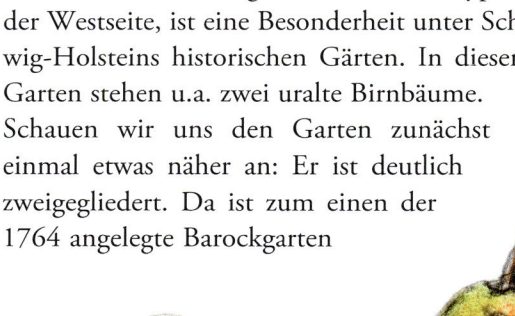

Rote Bergamotte

in französischem Stil, der durch den auf den Haubarg zulaufenden Weg zu beiden Seiten 12 Quartiere - das sind die mit Rasen und Pflanzen gestalteten Flächen zwischen den Wegen - von unterschiedlicher Größe aufweist. Im Zentrum der Mittelachse liegt ein Rondell, wie es seinerzeit gestaltet wurde.

Wir können annehmen, dass in den Quartieren des Barockgartens einmal Obstbäume gestanden haben. Heute findet der Besucher nur noch wenige davon, die wohl auch erst in der zweiten Hälfte des 20. Jahrhunderts neu angepflanzt wurden, also nicht alt sind.

Auf der Südseite des französischen Gartens liegt ein Gartenteil im englischen Stil, der neben der künstlichen Ruine heute viele große Laubbäume beherbergt. Dieser Teil wurde 1886 dem Park angegliedert. In ihm gibt es 4 Obstwiesen, die noch Obstbäume aus der Erstbepflanzung am Ende des 19. Jahrhunderts enthalten. Von großen Laubbäumen eingefasst haben sie sich wie auf einer Waldlichtung zum Licht gereckt und sind jetzt viel zu hoch, um das Obst noch pflücken zu können. Auch die jungen nachgepflanzten Obstbäume streben schlank und hungrig zum Licht. Unter den verbliebenen alten Veteranen ist ein Birnbaum, der Früchte mit einer auffallend gedrungenen Form hervorbringt und ursprünglich aus dem Westfälischen stammt: „Großer Katzenkopf". Diese Sorte ist

Großer Katzenkopf

in Schleswig-Holstein nicht häufig anzutreffen. Daneben gibt es Birnbäume von bekannteren Sorten wie „Conference" und „Gräfin von Paris". Das sind Sorten, die erst zum Ende des 19. Jahrhunderts im Norden auftauchten.

Aber konzentrieren wir uns auf die beiden alten Birnbäume an, die in der Nähe des Haubargs stehen. Sie sind älter. Sie stammen aus der Zeit, als es den englischen Gartenteil noch nicht gab. Bei den Sorten handelt es sich um 2 verschiedene Bergamotten, jene legendären kleinen Birnen, die eher die Gestalt eines Apfels haben und in Schleswig-Holstein gerne für ‚Birnen, Bohnen und Speck' verwendet werden. Sie kommen mit dem rauen Seeklima gut zurecht, tragen regelmäßig süße und aromatische Früchte,

Woher stammen diese Bäume? Da Birnbäume im Gegensatz zu Apfelbäumen ein weitaus höheres Alter erreichen können, vermuten wir, dass es noch Bäume aus der legendären Baumschule Peters in Tönning sind. Diese Baumschule, 1754 durch den Totengräber Jakob Peters gegründet, hat über lange Zeit Nordfriesland und Eiderstedt mit Obstbäumen versorgt. Aus dem Jahr 1786 wird berichtet, dass der Jungbaumbestand der Baumschule schon etwa 10.000 Stück umfasste. Darunter gab es auch viele Birnensorten, die auch heute noch in Nordfriesland und im angrenzenden Dithmarschen zu finden sind.

Die verbotenen Birnen

Auf der Westseite des Hauses standen sie, dicht an die Mauer gedrängt, voll behangen mit großen Früchten, die erst spät im Herbst reif wurden. Sie waren Anfang der 1930er-Jahre als Spalierobst geformt und in jedem Jahr stark zurückgeschnitten worden und deshalb klein geblieben, so dass selbst die Kinder des Hauses die Birnen der oberen Spalieretage erreichen konnten. Sie hätten davon aber niemals pflücken und selbst das Fallobst nicht auflesen dürfen. Die Birnen, vor allem die am Spalier, waren unter den Früchten des Gartens die kostbarsten und die am strengsten behüteten. Sie wurden nach der Ernte vorsichtig, ja fast weihevoll, von den Bewohnern im Erdgeschoss gepflückt, gewaschen, geviertelt und eingekocht.

Einer der Bäume in der Reihe an der Mauer, dessen Früchte schon im Spätsommer reif wurden, hatte es geschafft, sich aus der strengen Spalierform zu befreien. Er war einige Meter bis zum Dach hinauf gewachsen und hatte dort eine kleine, wilde Krone gebildet. Die Früchte waren für die Kinder dort oben unerreichbar. Diese Birnen hatten das beste Aroma, solange die Schale noch grün glänzte. Das hatte der 9-Jährige aus dem zweiten Stockwerk festgestellt, nachdem er sich in einem unbeobachteten Moment zwischen Hauswand und Stamm nach oben gedrückt hatte, um eine der Birnen zu ergattern. Wenn die Früchte etwas später gelb leuchteten und reif von oben herunterfielen, waren sie weich und durch den Fall meistens zerborsten. Doch selbst diese Früchte fanden in der Küche unten im Haus Verwendung. Den Kindern gelang es dennoch hin und wieder, etwas von dem Fallobst zu ergattern.

Im Garten vor und hinter dem Haus war für die Kinder kein Platz vorgesehen. Es gab keinen Sandkasten, geschweige denn ein Klettergerüst. Das kam alles erst viel später. Spielplatz für die Kinder des Dorfes war die Straße, auf der damals kaum Autoverkehr herrschte.

Im Garten wurde von den Erwachsenen jeder Platz genutzt, um die Selbstversorgung zu sichern. Birnen gehörten gerade in der „schlechten Zeit" nach dem Zweiten Weltkrieg zu den verbotenen und dennoch erreichbaren Süßigkeiten, die der Garten im Laufe des Sommers lieferte.

Außerdem gab es große Mengen Johannisbeer- und Stachelbeersträucher entlang der Wege, deren saure Beeren die Kleinen keineswegs verschmähten. Sie hatten inzwischen gelernt, nur dann davon zu pflücken, wenn niemand aufpasste. Einmal kam es vor, dass einer der ganz kleinen Jungen, der gerade das Sprechen lernte, ohne Scheu von den reifen Johannisbeeren im Garten naschte. Dies brachte die Dame aus dem Erdgeschoss dazu, seine Mutter herbeizurufen, um dieser verärgert mitzuteilen, dass sie ihre Aufsichtspflicht nicht wahrnehme. Das verstörte Kind naschte am folgenden Tag – mit Blick auf das Fenster im Erdgeschoss – wieder am gleichen Johannisbeerstrauch, und wie unter Zwang rief es plötzlich, was es am Vortag gehört hatte: „Passen Sie doch auf Ihr Kind auf! Es stiehlt gerade meine Johannisbeeren." Selbst dieser Zwischenfall hat an der Situation in Haus und Garten nichts geändert. Neben den vielen Obstbäumen und Beerensträuchern gab es auf der Nordseite des Hauses noch einen großen Birnbaum. Seine Spitze streckte sich jedes Jahr weiter nach oben. In etwa 10 m Höhe hörte er zu wachsen auf. Nein, er wuchs wohl weiter. Doch seine Spitze wurde durch starken Fruchtbehang nach unten gezogen. Und auf dem dabei entstandenen Bogen bildeten sich frische Zweige, bis ein erneuter Fruchtbehang auch diese wieder nach unten zog.

Aus dem ersten und zweiten Stockwerk ließ sich der Jahreslauf des Baumes von der Blüte bis zur Frucht, bis zur Herbstfärbung der Blätter und dem Laubfall beobachten. Im fortschreitenden Sommer lachten die zunächst noch kleinen Birnen herüber. Im dunklen Laub heranreifend entwickelten die großen Früchte im Frühherbst die schönsten goldroten Farben. Manchmal reichte ein Ast mit den verlockenden Früchten bis zum Fenster im ersten Stock herüber. Es wäre nun

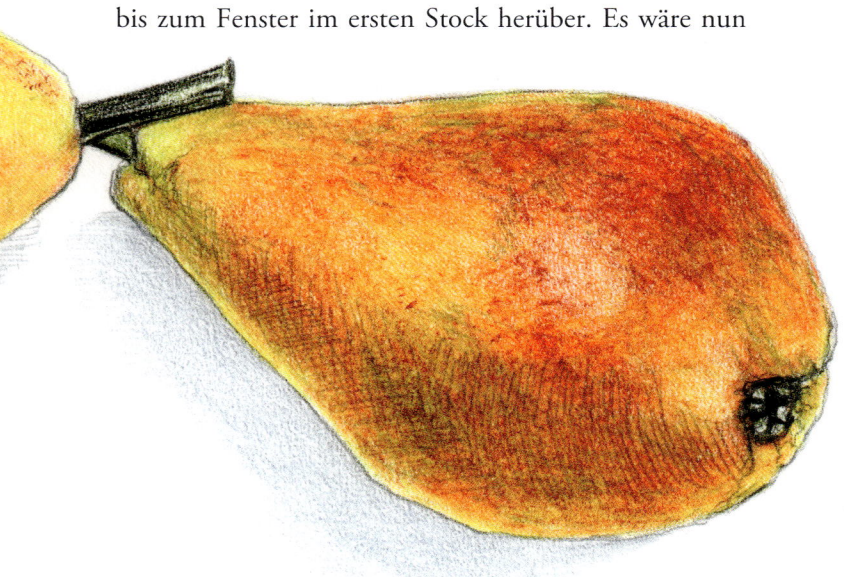

Clapps Liebling

möglich gewesen, ihn mit einem langen Spazierstock herüber zu ziehen, doch das hätte niemand gewagt.

Je näher die Reifezeit rückte, umso schwerer und größer wurden die Früchte. Der zum Haus zeigende Ast senkte sich unter der Last der Birnen nach unten und verschwand allmählich aus dem Blickfeld der Kinder im ersten Stock. Dafür erschien er vor dem Fenster und im Kontrollbereich des Erdgeschosses: Die Früchte wuchsen den Besitzern fast in die Küche.

Wenn die Kinder nach den Sommerferien mittags aus der Schule kamen, schlichen sie an der Haustür vorbei hinter das Haus, um hastig den Boden unter dem großen Birnbaum abzusuchen, immer wieder zu den Fenstern schauend, ob sie vielleicht beobachtet würden. Jedes welke Rhabarberblatt wurde hastig umgedreht, um keine heruntergefallene Birne zu übersehen. Meist jedoch war das Fallobst schon vorher eingesammelt worden.

Irgendwann aber stand dann die große Holzleiter im Baum, die Weidenkörbe mit den Fleischerhaken standen bereit und die Birnenernte konnte beginnen. Jetzt waren auch die Kinder zugelassen. Allerdings wurden sie von den Pflückern aus dem Baum auf Sicherheitsabstand gehalten. Von oben fielen bald reife und saftige Früchte herunter. Es gab nun „Birnen satt", wie man zu sagen pflegte, und das nutzten alle. Niemals hätte man allerdings von dem gepflückten Obst nehmen dürfen, das, behutsam die Leiter heruntergetragen, in Körben an der Hauswand in der Nähe der Kellertreppe aufgereiht stand. Es wurde anschließend als Vorrat für den Winter verarbeitet.

Der große Birnbaum steht schon lange nicht mehr. Das Haus bekam einen Anbau und die meisten Obstbäume fielen dieser Baumaßnahme zum Opfer. Die Kinder von damals sind inzwischen Großeltern und erinnern sich manchmal wehmütig an den Garten „in der schlechten Zeit" und an die Birne, die ihnen auch heute noch viel bedeutet.

Williams Christbirne

Birnbäume aus der Schloss-Baumschule in Plön im Jahre 1796

Innerhalb des Plöner Schlossgebietes liegt in einem Park das Prinzenhaus. Westlich angrenzend davon erstrecken sich heute Rasenflächen und ein Laubwald, der sich, vom Plöner See begrenzt, weit nach Westen bis an die kleine Halbinsel mit dem ehemaligen Küchengarten, Obstbäumen und dem Kadettenfriedhof ausdehnt. Der Besucher befindet sich hier auf historischem Boden. An das Prinzenhaus grenzte um 1730 ein barocker Lustgarten mit Parterre, d. h. mit einem tiefer gelegten Gartenteil, ganz im Stil seiner Zeit. Unter Herzog Friedrich Carl von Sonderburg-Plön war der Garten nach Plänen von Georg Dietrich Tschierske angelegt worden, sollte aber nicht sehr lange existieren. In der dänischen Periode, die in Plön von 1762 bis 1864 währte, wurde der Lustgarten ab 1783 in eine Obstbaum- oder, wie diese damals genannt wurde, in eine Fruchtbaumschule umgewandelt.

In Schleswig-Holstein herrschte zum Ende des 18. Jahrhunderts eine Periode des gesellschaftlichen Umbruchs: Die Leibeigenschaft wurde nach und nach

Six' Butterbirne

abgeschafft und Land an die bis dahin weitgehend landlose Bevölkerung verteilt. Das heute für die Landschaft so typische Knicknetz war, von der dänischen Krone angeordnet, im Aufbau begriffen und umfriedete bald die neuen, meist kleinen Besitztümer. Dort wurden auch Obstbäume gepflanzt. Um dem veränderten Bedarf gerecht zu werden, entstanden überall Fruchtbaumschulen, welche die Bevölkerung zum Teil kostenlos mit Obstbäumen versorgten. Da der Obstanbau bis dahin weitgehend im Bereich der Güter und Schlösser gelegen hatte, griff man auf deren Sortimente zurück. Wie die Namen der in der Baumschule in Plön herangezogenen Birnbäume von 1796 zeigen, stammten die meisten Sorten aus dem französischsprachigen Raum oder erhielten vielleicht auch als einheimische Sorten entsprechend der damaligen Mode einen französischen Namen. Hier sollen einige der 33 Birnensorten des Katalogs aus Plön vom Ende des 18. Jahrhunderts vorgestellt werden:

Muskateller Birne

damalige Sortenbezeichnung	heutige Sortenbezeichnung
Bergamotte d`Été	(Lübecker?) Sommerbergamotte
Bonchrétien d`Hiver	Winter-Williams
Saint Germain	Grüne Winterbergamotte
Petite Muscateller	Kleine Muskatellerbirne
Beurré Gris	Graue Herbstbutterbirne oder Gute Graue
Mouille Bouche	Mollebusch
Virgouleuse	Winterzitronenbirne
Beurré Blanc	Weiße Herbstbutterbirne
Bergamotte Crassane	Platte Butterbirne
Bergamotte d'Automne	Herbstbergamotte
Colmar	Colmar
Cuisse Madame	Sparbirne
Grand Mogol	Großer Katzenkopf
Cassolette	-----
Englische Windsor-Birne	Windsorbirne
Rousselette	Russelette von Reims
Grand Citron des Carmes	Grüne Sommermagdalene

Olivier de Serres

Ähnlich wie bei der Birnensorte „Gräfin von Paris" liegt die Genussreifezeit von „Olivier de Serres" im Winter, wenn die Tage wieder länger werden. Dann wird die Frucht weich und saftig. Bei der Ernte im Oktober ist sie dagegen hart wie Holz, und wüßte man nicht von ihrer wunderbaren Verwandlung im Winter, dann würde sie als wild und ungenießbar auf dem Komposthaufen landen. Die aus Boisbunel/Angers in Frankreich stammende Birne wurde nach „Olivier de Serres", dem „Père d'Agriculture" bzw. „Vater der Landwirtschaft" (1539-1619) benannt. Selbst wenn diese Birne aus dem warmen Frankreich stammt, wird sie auch für Norddeutschland empfohlen. Der Baum bevorzugt allerdings einen geschützten Standort und wie viele Birnensorten einen guten Boden.

Olivier de Serres

Der Birnbaum von Lundsgaard

Birnbäume sind in den alten Gärten Angelns noch verbreitet. Sie stehen gelegentlich markant als sogenannter „Hausbaum" in der Nähe der Wohngebäude. Manchmal wissen die Bewohner noch, um welche Sorte es sich handelt. Lange ist es her, manchmal weit mehr als 100 Jahre, dass der Baum gepflanzt wurde. Und den Namen des Pflanzers, ja, wer weiß den noch? Ganz anders ist das auf dem Gut Lundsgaard bei Grundhof. Dort steht nahe dem Gutshaus ein alter, ehrwürdiger Birnbaum, gepflanzt von dem Urgroßvater des heutigen Besitzers. Vor mehr als 100 Jahren versuchte dieser Vorfahr, den Erwerbsobstbau nach Angeln zu holen. Wenn der prächtige Baum, als einer der letzten seiner Generation, erzählen könnte, welche Aufbruchsstimmung in dieser Zeit herrschte, würden wir viele interessante Dinge erfahren.

Schleswig-Holstein lag Ende des 19. Jahrhunderts weit unten auf der Rangskala der Obstproduktion, und daran hat sich auch später wenig geändert. Während vor 100 Jahren Gemeinden in Sachsen und im Rheinischen mit durchschnittlich mehr als 2.000 Obstbäumen aufwarten konnten und in der Provinz Hohenzollern auf 1.000 Einwohner 3.075, meist großkronige Obstbäume kamen, waren das im Land zwischen den Meeren dürftige 225. Der Bedarf an Tafelobst, so auch an Birnen, nahm in Deutschland in dieser Zeit rasant zu. Zum Verdruss der Obstproduzenten wurde versucht, den Mangel an Obst mit umfangreichen Importen aus Amerika zu beheben. Das ließ so manchen Landwirt mit dem Gedanken spielen, ins Obstgeschäft einzusteigen. Auch in Angeln kamen entsprechende Ideen auf, zumal Boden, Klima und eine inzwischen gut ausgebaute Verkehrsanbindung mit Eisenbahn und Schifffahrt günstig für einen neuen Betriebszweig zu sein schienen. Die Qualität des Obstes sei hier hervorragend, besser als in anderen Gebieten. Hier zeichneten sich die Sorten durch intensivere Färbung und bestes Aroma aus, wie es sich auf den verschiedenen Obstausstellungen, z. B. in Grundhof, gezeigt hätte. Mit diesen Argumenten versuchten Initiatoren, den Bauern in der Region den Obstanbau schmackhaft zu machen.

Dass die Bauern in Angeln nicht hinterwäldlerisch verschlossen, sondern im Gegenteil neugierig und offen für Neues waren und sind,

Triumph de Vienne

Wilhelm Karstens

haben sie immer wieder bewiesen. So haben sie mit der Zucht des Angelner Rindes eine leistungsstarke Rinderrasse geschaffen. Aus England holen sie die Grundlage für die Züchtung des Angelner Sattelschweines herbei, das bald in vielen Schweineställen des Landes zu Hause war.

Ehe sie jedoch in eine neue Produktionssparte einstiegen, musste das Knowhow her, und um das zu beschaffen, war den Angelitern kein Weg zu weit. Beraten vom „Praktischen Ratgeber für Obst- und Gartenbau" (Frankfurt/Oder) stiegen im Jahre 1892 zwei Bauern in Flensburg in den Zug, um den Anbau von Obst in Deutschlands Obstbauzentren zu studieren. Für W. Karstens, Lundsgaard, und P. Fr. Otzen, Ostenberg, führte die Reise zunächst nach Lenzen in die Prignitz, dann ins Havelland und anschließend in den Frankfurter Raum.

In Lenzen an der Elbe waren sie zunächst enttäuscht, da der Obstbau hier noch nicht weit entwickelt war. Beeindruckt waren Karstens und Otzen jedoch von der Burg Lenzen mit ihrem prachtvollen Garten und einer vorzüglichen Formobstzucht bzw. Spalierobstanlage, in der die Birnenkultur zur damaligen Zeit eine große Rolle spielte. Von hier stammt auch die „Birne von Lenzen", die später in Sortenlisten Schleswig-Holsteins auftaucht. Die beiden Pioniere hielten sich nicht lange in der Prignitz auf und reisten weiter nach Werder im Havelland, wo auch heute noch Obst angebaut wird.

Was sie dort vorfanden, war schon von anderer Qualität. Begeistert berichteten sie: „Hier ist der rationell und intensiv betriebene Obstbau zu einer Quelle des Wohlstandes geworden." Der Boden der Obstplantagen kam allerdings im Urteil der beiden verwöhnten Angeliter zunächst schlecht weg: Er sei sandig „und bedarf des reichlichen Düngers". Diese erste Einschätzung wurde allerdings nach näherem Hinsehen revidiert: Der Boden sei durchzogen von groben und feinen Adern von Tonmergel und so für das Gelingen des Obstbaus von außerordentlicher Bedeutung.

Neben der Bodenbeschaffenheit studierten Karstens und Otzen Pflanzabstände, Kronenaufbau, Pflücktechniken und Pflanzenschutzmaßnahmen.

Gegenstand ihres Interesses war auch die Vermarktung. Der Bericht der beiden klingt hier begeistert. Die Obstbauern von Werder hätten sich dazu einen eigenen Dampfer angeschafft, der das Obst auf dem Fluss- und Kanalsystem an einen angemieteten Marktplatz nach Berlin transportiere. Der Dampfer fahre während der Erntezeit täglich morgens um 4 Uhr los. In Berlin übernähmen die Frauen der Bauern die Ware, um sie zu verkaufen.

Ehe die Angeliter das Havelland verließen, besuchten sie noch zwei Obstweinkeltereien, die Beerenweine herstellten. Von diesen ließen sich die beiden „in ausgiebigster Weise überzeugen", um ihren Aufenthalt mit einem „fröhlichen und gemüthlichen Abschluß" zu krönen.

Im Frankfurter Raum zog die Reisenden zunächst die „Königlich Preußische Lehranstalt für Obst- und Weinbau" in Geisenheim im Rheingau in ihren Bann. Dort analysierten sie gründlich Struktur und Ziele dieses Lehrbetriebes und besichtigten natürlich auch die Obstanlagen.

Im Frankfurter Umland studierten Karstens und Otzen das Anbausystem der Hessen, als Kombination aus Landwirtschaft und Obstbau, wie es auch für Angeln interessant sein könnte. Die Verarbeitung des Obstes zu Fruchtwein rief ihr staunendes Interesse hervor. „Wie wichtig für die landwirtschaftliche Obstproduktion die Verbreitung des Obstweingenusses werden kann, dafür gibt es in der Maingegend ... ein treffliches Beispiel: Trotzdem man hier ganz vorzügliches Bier für 12 Pf pro ½ Liter trinkt, wo die herrlichsten Traubenweine zu einem so billigen Preise verkauft werden, verbreitet sich der Obstwein mehr und mehr, ist auch in der heißen Jahreszeit ein durststillendes, gesundes, anregendes, sehr bekömmliches und wohlschmeckendes Getränk". Erstaunt sind sie über die Besitzverhältnisse in Hessen: Es handele sich „um lauter Zwergwirthschaften", bei 7,5 ha spreche man schon von einem großen Betrieb!

Voller Eindrücke kehrten Karstens und Otzen von ihrer etwa zweiwöchigen Reise nach Angeln zurück und stellen u. a. fest, dass die Obstsorten der besuchten Regionen für einen Anbau in Angeln wohl nicht geeignet seien. „Missgriffe in der Sortenwahl ... rächen sich um so schwerer, als sich ihre verderblichen Folgen erst nach langen Jahren zu zeigen beginnen", so warnen sie in ihrem Bericht. Sie schlugen deshalb vor, bei den in Angeln bekannten und bewährten Sorten zu bleiben.

Was wurde aus dem Obstbau in Angeln?

Angeln ließ sich, abgesehen von einigen Kätnern und Fischern entlang der Flensburger Förde, auf den Obstbau nicht ein, denn der Zeitpunkt dafür war schlecht gewählt. Niemals in der Geschichte der Region ging es den Bauern so gut wie in der damaligen Epoche. Noch heute bewundern wir die baulichen Zeugen der Gründerzeit: Die Bauernhäuser, zum Teil schlossartig im typisch Angeliter Stil, wunderschöne, backsteinerne Stallgebäude, Dreiseithöfe, wie sie nur hier vorkommen. Sie alle sind Zeichen eines vergangenen bäuerlichen Wohlstandes, auch ohne Obstplantagen.

So erkannten die beiden Kundschafter, dass die landwirtschaftliche Konjunktur „bei mäßigen Betriebskosten und geringen Lasten" einen bedeutenden Aufschwung genommen habe und der Obstbau deshalb „unbeachtet" blieb. Die beiden Pioniere aus Angeln bauten den Obstbau auf ihren Höfen dennoch aus. Karstens ließ sich im Rheinland in der Kelterei ausbilden, legte einen Weinkeller an und stellte schmackhafte Obstweine her, die er an die Gaststätten im Umkreis verkaufte.

Diese Zeit hat der große Birnbaum auf Gut Lundsgaard miterlebt. Als einer der letzten Zeugen einer fruchtbaren Periode wird er hoffentlich noch viele Jahre seine Früchte produzieren. Das Gut selbst ist heute ein bekannter Saatzuchtbetrieb.

Edelcrassane

Graf Moltke

Stammt vom Gut Tyrebyholms auf Seeland. Benannt wurde die Herbstbirne nach Lendsgreve A.V. Moltke aus Turebyholm, der sie als „Wildling" um 1850 gefunden hatte. Die Sorte ist anspruchslos und in Schleswig-Holstein verbreitet.

Graf Moltke

Christian Cay Lorenz Hirschfeld war ab 1784 der Leiter der Königlich-dänischen Fruchtbaumschule in Düsternbrook bei Kiel und Professor an der Christian-Albrecht-Universität zu Kiel.

Die „köstlichsten Birnen aus Hamburg" – aus dem Garten von Alma de l'Aigle in Eppendorf

Alma de l'Aigle, in der zweiten Hälfte des 19. Jahrhunderts geboren, wuchs am damaligen Stadtrand von Hamburg, in Eppendorf, auf. Ihr Vater, ein Jurist französisch-hugenottischer Herkunft, bewirtschaftete den großen Garten der Familie mit Obst und Gemüse. Vielfältig waren die Sortimente, die zum Teil sogar auf die Tafeln vornehmer Hanseaten gelangten. In ihrer Jugend lernte Alma de l'Aigle unzählige Obstsorten kennen, wie die Bäume im Laufe des Jahres erblühten und die Früchte heranreiften und geerntet wurden.

1948 veröffentlichte Alma de l'Aigle ihre Erinnerungen an Familie und Garten in Eppendorf in ihrem Buch „Ein Garten". Sie hinterließ uns damit u. a. Sortenbeschreibungen, die in ihrer Einzigartigkeit von den rationalen, pomologischen Beschreibungen der damaligen und auch heutigen Zeit abweichen. Dabei gelingt es ihr, Sorteneigenschaften und Fruchtbeschaffenheit anschaulich und äußerst treffend zu beschreiben. Im Folgenden sind einige Sortencharakterisierungen von Alma de l'Aigle den entsprechenden Sortenbeschreibungen einiger Pomologen unserer Zeit gegenübergestellt.

Erzbischof Hons

a. „Ende August schielen die ersten voll reifen (Früchte) von der Südseite des Baumes, die gelbe Haut bräunlich überzogen. Wir Kinder bissen den Stengel heraus und bissen gleich die obere Hälfte der sehr schlanken Frucht ab. Man biß geradezu in den Sommer hinein; zuckersüß, fast honigsüß waren die ‚Erzbischof'(birnen). Freunde und Verwandte stellten sich ein, tüchtige Kletterer waren bald oben und schüttelten, daß prasselnd die süßen Früchte herunterkamen, wo eifrige Sammler mit Körben bereit waren. Manche Birne freilich war von Zweigen und Ästen verletzt auf ihrem Weg nach unten und mußte möglichst sofort verspeist werden." (Alma de l'Aigle)

b. Sehr gute Tafelbirne, Reifezeit August, Haltbarkeit 3 Wochen, kleine bis mittelgroße, langkegelförmige Frucht. Fruchtschale: grün, später gelblichgrün, Sonnenseite bräunlich gerötet und gestreift. … Fruchtfleisch gelblich …. Um das Kernhaus leicht körnig, ziemlich fein, fast schmelzend, sehr saftreich." (Votteler)

Stuttgarter Geißhirtle

a. „Die ‚Stuttgarter Geißhirtle'(birnen) sind in allen Dingen bescheidener und zurückhaltender als der Erzbischof. Sie reifen 8–14 Tage später. Sie sind kleiner, weißlich grün und nicht so intensiv süß. Sie haben eine leichte Süße, auch krachen sie leise beim hinein Beißen, selbst wenn sie schon reif sind. Mir ist die frische klare Süße der ‚Stuttgarter Geißhirtle' lieber (als die starke Süße der Erzbischof-Hons-Birne)." (Alma de l'Aigle)

b. Frucht klein, birn- oder tropfenförmig, Schale glatt. Bei Reife gelbgrün, sonnenseits braunrot. Fleisch von warmen Lagen halbschmelzend, sehr saftig und aromatisch. Sonst fest, fade und grießig." (Mühl)

Esperens Herrenbirne

a. „Die „Herrenbirne" fordert viel Sorgfalt beim Pflücken wie beim Reifen (im Lager). Dann belohnt sie durch ihren Saftreichtum. Man ist überrascht, wie der Saft gleichsam wie aus einem zerbrochenen Gefäß

herausläuft, wenn man die runde Birne schält, die nach ihrem Äußeren gar nicht viel verheißt. Sie ist eine Birne zum Rohessen." (Alma de l'Aigle)
b. Frucht klein bis mittelgroß, Schale trocken, samtig, stumpf, aber auch glatt, Fleisch grünlichweiß, feingrießig, mittelfest, schmelzend, saftig, edelsüß, süßweinig, köstlich aromatisch." (Petzold)

Clapps Liebling
a. „Mit Sorgfalt wurde jedes Stück (Frucht) vom Zweig abgehoben (gepflückt) und in den Korb gelegt. Die großen, schweren, edelgeformten, schön gelb und rot gefärbten Früchte … Freilich hat ‚Clapps Liebling' den Vorzug großen Saftreichtums, aber meistens bleibt sie wässerig. Sie ist eine Birne der Aufmachung mit ihrem prächtigen Äußeren." Somit, so berichtet die Autorin weiter, hätte die Sorte gut in die „Fassadenkultur" Hamburgs zur Jahrhundertwende zum 20. Jahrhundert gepasst. (Alma de l'Aigle)
b. Frucht mittel bis groß. Schale glatt, trocken, hart, dick, ungeschält noch essbar …. Deckfarbe … gelblichrot, streifig verwaschen …. Fleisch gelblichweiß, fast schmelzend, ums Kernhaus feinkörnig, saftig, süß, mildsäuerlich..." (Petzold)

Römische Schmalzbirne
a. „(Sie) … war die Früheste im Garten, die ‚Römische Schmalzbirne', die zwar hübsch rot und gelb aussah, eine adrette Form hatte – vollschlank würde man heute sagen –, aber von recht ordinärem Charakter : Ein grobes mehliges Fleisch und ein aufdringlicher, parfümierter Geschmack; kein Duft, nur ein Geruch; jedes Mal war man enttäuscht, wenn man, durstig auf die erste Birne, hinein biß." (Alma de l'Aigle)
b. Große … Frucht, …. Reifezeit August. Haltbarkeit 2 Wochen... Fruchtschale hellgrün und trüb bräunlichrot. Fruchtfleisch gelblich, leicht körnig, sehr saftig. Geschmack süß, gewürzt, kräftiger Geruch." (Votteler)

Frühe von Trévoux
(bei der Verfasserin: Madame Trévoux)
a. „Man kann sie früh pflücken und langsam reif werden lassen; man kann jeden Tag hingehen, und bei leisem Schütteln gibt sie gutwillig immer die nächstreifen (Früchte) herunter. Und dann das Aroma! Es ist geradezu der Duft einer schönen Seele in ihr enthalten. Mit saftiger Frische und klarer Süße vereinigt sie ein reiches und volles, Bergamotte ähnliches Aroma." (Alma de l'Aigle)
b. In guten Lagen schmelzend, sehr saftig und süß, mildes Aroma." (Mühl)

Williams Christbirne
a. "Sanfte Buckel hat ihre Oberfläche, als quelle das üppige Fleisch unter der Haut. Sie ist so saftig wie Clapps Liebling, auch eine richtige Trinkbirne. Und dann dieser wunderbare Muskatgeschmack, der durch die zarte Haut dringt und ein Zimmer füllen kann. Wenige Tage zu spät gepflückt, verliert sie alle ihre guten Gaben; ihr feines frisches Aroma wird dann streng und parfümiert, ihr Fleisch mehlig..." (Alma de l'Aigle)
b. „Fruchtseiten uneben, beulig, mit breiten Kanten …. Schale glatt, geschmeidig …, feinmuskatig duftend, …. Fleisch gelblichweiß, weich, schmelzend, sehr saftig, harmonisch, säuerlich-süß, mit feinem muskatigem Aroma." (Petzold)

Frühe von Trevoux

Wie der Name schon andeutet, gehört diese Birne zu den Sommersorten. Pflück- und Genussreife fallen in August und September, in dem es an guten Birnen aus dem eigenen Garten meist noch mangelt. Da kommt die aromatische, die 1862 im Rhonetal nördlich von Lyon die ersten Früchte trug, gerade recht. Sie hat im Gegensatz zu anderen Birnensorten des Sommers den Vorteil, dass nicht alle Früchte gleichzeitig heranreifen und den Besitzer „erschlagen". Sie gibt jeden Tag ihre Ration ab und ist so ausgesprochen verbraucherfreundlich. Der Baum wächst nicht sehr stark, ist gesund, mag allerdings nicht die mageren sandigen Standorte der Geest.

Frühe von Trévoux

Aus dem Pastoratsgarten in die Bauerngärten

Birnen galten in Schleswig-Holstein lange Zeit als „Südfrüchte". Im Gegensatz zu den robusteren Apfelsorten benötigen sie mehr Schutz und Wärme, um zu gedeihen und wie in ihren Herkunftsländern schöne und saftige Früchte bilden zu können. An den nötigen Standortbedingungen fehlte es in vielen Gärten, und so blieb die Anzahl der Birnbäume in der Vergangenheit im Allgemeinen weit hinter der der robusteren Apfelbäume zurück.

Ein wenig anders sah dies in einigen Pastoratsgärten des Landes aus. Mancher Pastor schien ein ausgesprochener Birnenliebhaber gewesen zu sein, schaffte im Garten geschützte Standorte und pflanzte so manche köstliche, aber sehr anspruchsvolle Sorte. So auch ein Pastor aus Quern in Angeln im Jahr 1798: Von den dort gepflanzten 17 Birnensorten (neben 18 Apfelsorten und einigen Pflaumen- und Kirschsorten) wird ein Teil der Bäume an den im Sonnenlicht stehenden Mauern des Pastorats als Spalier gestanden haben.

Das Pastorat in Groß-Quern war 1796 gebaut und der Garten nach einem Entwurf des Kunst- und Handelsgärtners Johann Casper Bechstedt in der Folgezeit angelegt worden. Pastor war zu dieser Zeit Johann Bevers (1795–1807). Bechstedt stellte 1798 Pastor Bevers eine Rechnung über 48 gelieferte Obstbäume aus. Auf dieser Rechnung erscheinen Birnensortennamen wie folgt:

Spalier am Haus

Grüne Sommermagdalene

Bergamotte Bougie, Feigenbirne, Isembart, Verte Longe, Grand Muscat, Moullebouge d'Automne, St. Germain, Bergamotte d'Automne, Chaumontel, Moullebouge d'Été, Beurré Blanc, Doppelte Bergamotte, Ritterbirn, Roja Potage, St. Margarethen, Grand Citron des Carmes, Claire Vielle Longue.

Ein Teil dieser Sorten ist uns erhalten geblieben. Allerdings hat sich bei den meisten der Name geändert. Einige scheinen verschollen zu sein. Sie tauchen in anderen Sortenverzeichnissen der Zeit nicht auf. Möglich ist natürlich, dass der Gärtner Bechstedt, der auch einige der Güter im Land beriet und mit Obstbäumen versorgte, nicht die sonst üblichen Sortennamen seiner Zeit benutzte. Es gab schon damals Mehrfachbezeichnungen für ein und dieselbe Sorte.

Was ist uns von den Obstbäumen im Querner Pastoratsgarten geblieben?

Die Amtszeit der Pastoren auf den Pfarrstellen war damals von sehr unterschiedlicher Dauer, und die Gartenliebe war bei der wechselnden Besetzung unterschiedlich ausgeprägt. Für den Garten war es natürlich vorteilhaft, wenn das Vorhandene weiter auf- und ausgebaut wurde. Aus Quern ist bekannt, dass einer der Nachfolger von Pastor Johann Bevers (Georg Henningsen, 1807–1818; Bendix Jensen, 1818–1820; Nikolaus Bundhund, 1821–1844) ein Rosenliebhaber war. Das Ende des Obstgartens oder Pomariums war deshalb vorprogrammiert. Schon in der ersten Hälfte des 19. Jahrhunderts wurde aus dem Garten vorübergehend ein Rosarium.

Bei der Suche und Systematisierung der Obstsorten in Angeln vor 25 Jahren tauchten die Namen der Birnensorten des Querner Pastoratsgartens teils als vollständige Bezeichnungen, teils lediglich als Namensfragmente auf. Andere waren im Wortlaut wiedergegeben, so wie die Menschen es aus dem Munde ihrer Vorfahren gehört hatten. In einigen Bauerngärten in der Umgebung von Quern stehen noch heute alte Birnbäume wie „Permot", „Mullbusch", „Börblank" oder „Börgries". Sind das die Nachkommen der Birnen aus dem Pastoratsgarten von Quern?

Birnensorten-Empfehlung für Schleswig-Holstein von 1898

Zusammengestellt von E. Lesser, Provinzial-Wanderlehrer in Kiel

Der seinerzeit in Schleswig-Holstein bekannte Pomologe Lesser führte am Ende des 19. Jahrhunderts eine Befragung bei 30 Obstbauvereinen Schleswig-Holsteins durch, um einen Überblick über die Obstsorten zu erhalten, die auf den unterschiedlichen Standorten des Landes wuchsen: Östliches Hügelland, Mittelrücken und Marsch. Zum einen wollte er den Obstbauern zeigen, welche Sorte auf welchem Standort zufriedenstellende Ergebnisse zeigt, zum anderen versuchte er damit eine Sortenbeschränkung zu initiieren, um den Kunden bzw. dem Markt weniger, dafür aber fruchtbarere Sorten anzubieten. Er schreibt dazu: „Nicht die neuerdings so viel gerühmten und empfohlenen früh- und reichtragenden Sorten sollten bei dieser Aufstellung berücksichtigt werden, sondern Sorten, die in den einzelnen Gegenden viel, besonders in alten, tragbaren Bäumen vorkamen, sich hinsichtlich der Tragbarkeit, Verwertung und Marktfähigkeit auszeichnen". Lesser wollte damit die sich im Land bewährten Obstsorten voranbringen und sichern und nicht die Einfuhr immer neuer Sorten aus anderen Ländern und Erdteilen fördern.

Die Tabelle zeigt nicht alle von Lesser erfassten Birnensorten, sondern nur jene, die bei seiner Erhebung am häufigsten genannt wurden. Deutlich wird, dass einige Sorten gute Böden und einen geschützten Standort bevorzugen. Andere gedeihen selbst in ungeschützten Lagen und auf leichten Böden. Berücksichtigt werden muss, dass der intensive Einsatz von Düngern und Pestiziden in dieser Periode schon weit verbreitet war und dass mit diesem Aufwand die anspruchsvolleren Sorten, wie z.B. die Williams Christbirne beinahe überall im Land gedeihen konnten.

Sorte	1. für schwere Böden		2. für mittlere Böden		3. für leichte Böden	
	In geschützter Lage	In ungeschützter Lage	In geschützter Lage	In ungeschützter Lage	In geschützter Lage	In ungeschützter Lage
Williams Christbirne	15 x	---	12 x	---	11 x	3 x
Gute Louise von Avranche	20 x	19 x	15 x	19 x	16 x	1 x
Köstliche von Charneu	19 x	15 x	17 x	16 x	7 x	1 x
Esperens Herrenbirne	14 x	3 x	20 x	---	4 x	---
Josephine von Mecheln	17 x	---	13 x	---	---	---
Blumenbachs Butterbirne	3 x	13 x	7 x	10 x	7 x	2 x
Graf Moltke	3 x	8 x	3 x	7 x	7 x	10 x
Bosc's Flaschenbirne	1 x	7 x	---	11 x	---	---
Holländische Feigenbirne	---	5 x	1 x	7 x	6 x	5 x
Rote Bergamotte	---	16 x	---	17 x	7 x	15 x

Aus: E. Lesser, Für Schleswig-Holstein empfohlene Obsorten, Pomolog. Monatshefte Jahrgang 1898, S. 194-196

Neue Poiteau

Die Sorte stammt von dem Birnenfachmann van Mons und wird 1827 zum ersten Mal genannt. Antoine Poiteau (1766-1854) war ein berühmter französischer Pomologe und Direktor der Königlichen Gärten in Paris. Ihm zu Ehren war 1823 schon einmal eine Birnensorte „Poiteau" benannt worden. Deshalb bekam die zweite Poiteau 1827 den Vornamen „Nouveau" also „Neue Poiteau". Beide Sorten sind erhalten.

Die „Neue Poiteau" ist eine mittelgroße leicht rauschalige Frucht, besticht durch ihren Behang, der selbst bei stärkeren Winden festhängt. Die Früchte, Mitte Oktober geerntet, lassen sich bei günstigen Bedingungen 4-6 Wochen lagern. Der Geschmack ist ähnlich der „Gräfin von Paris" sehr witterungsabhängig. In sonnigen Jahren ist das Fruchtfleisch schmelzend und süß-säuerlich aromatisch, in verregneten Jahren bleibt das Aroma schwach. In feuchten Sommern kann die Sorte auch unter dem Schorfpilz leiden, der bei fehlenden Gegenmaßnahmen Blätter und Früchte gleichermaßen mit schwarzen Narben überzieht und unansehnlich werden lässt.

Der Baum wächst stark, liebt lehmig-sandigen Boden und kann alt werden.

Neue Poiteau

Die Birne im Spalier

Im 17. Jahrhundert entstand in Frankreich die Spalierobstkultur. Obstbäume durften nicht mehr den ihnen von der Natur gegebenen Wachstumsgesetzen folgen. Sie wurden als junge Setzlinge in Formen gezwungen, die als schön und elegant galten. Diese Formobst- oder Spalierbäume schmückten meistens höfische Gärten, erst später auch Bürger- und manchmal auch Bauerngärten. Ihre Pflege und Gestaltung war für die Besitzer und Gärtner meist sehr aufwendig. Der Ertrag des Baumes geriet bei der Formgebung manchmal in den Hintergrund und mancher Gärtner dieser Periode klagte, dass er das beste und manchmal auch das einzige Fruchtholz des Baumes entfernen müsse, um die vorgegebene Form zu bewahren.

Gern wurde für das Spalier die Birne ausgewählt, die im Schutz von Hauswänden und Mauern gezogen, die besten Früchte hervorbringen konnte. Veredelt auf die ihr nahe verwandte Quitte, war ihr Wachstum gebremst und die Gefahr gebannt, dass sie der vorgegebenen Spalierform entwachsen würde. Allerdings traten auch damals schon Krankheiten wie Baumkrebs und Rindenbrand auf, die Zweigpartien dieser in jahrelanger Arbeit in Form gebrachten Bäume in kurzer Zeit absterben oder unansehnlich werden ließen. Mit starken Giften, wie z. B. Arsen, versuchte man die Pilzkrankheiten zu bekämpfen, allerdings oft mit geringem Erfolg.

Im 18. und 19. Jahrhundert war die Obstspalierkultur überall in Europa verbreitet. Sie ging dann mit der Entwicklung des Erwerbsobstbaus zurück.

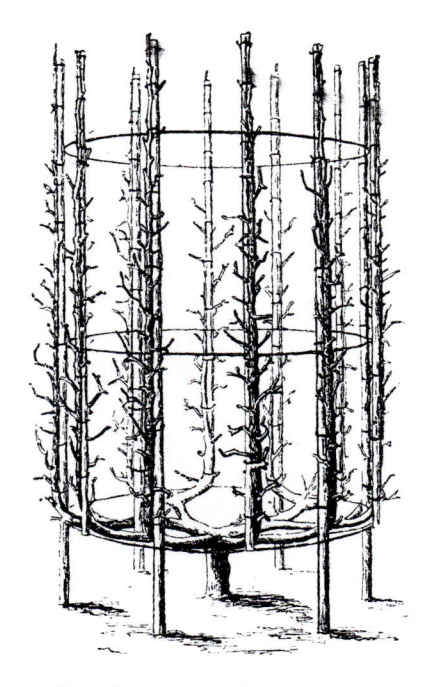

Kesselbaum nach Göthe

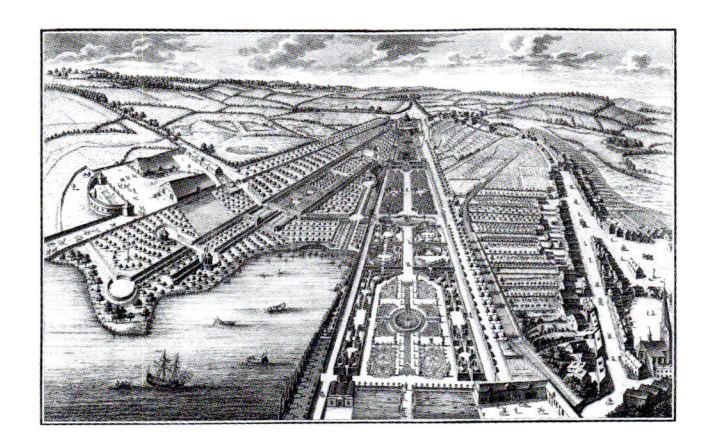

Spaliere im Schloßgarten Eutin

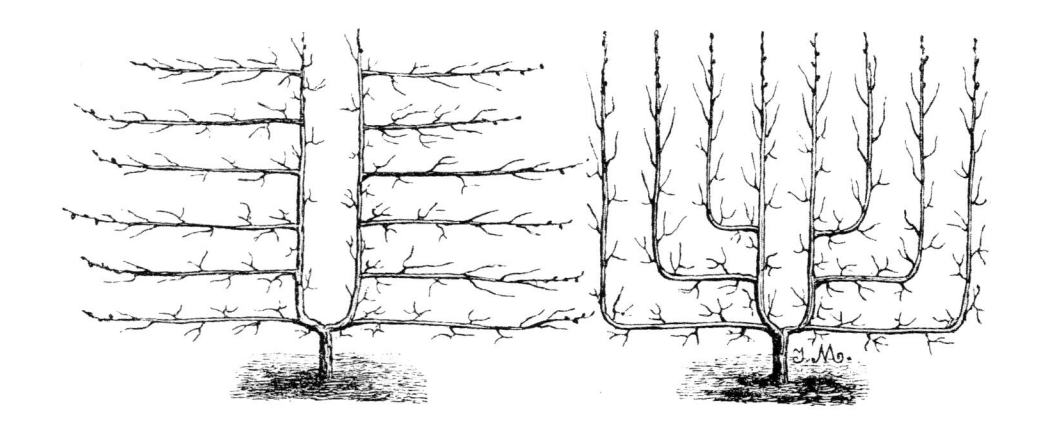

Palmette mit wagerechten Armen und doppeltem Herz

Verrier-Palmette mit doppeltem Herzstamm

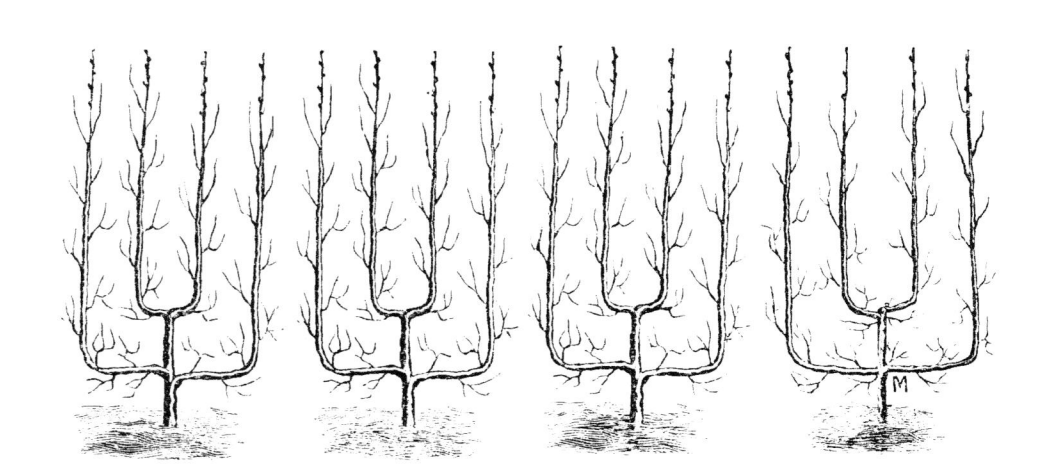

Verrier-Palmette mit 4 Armen

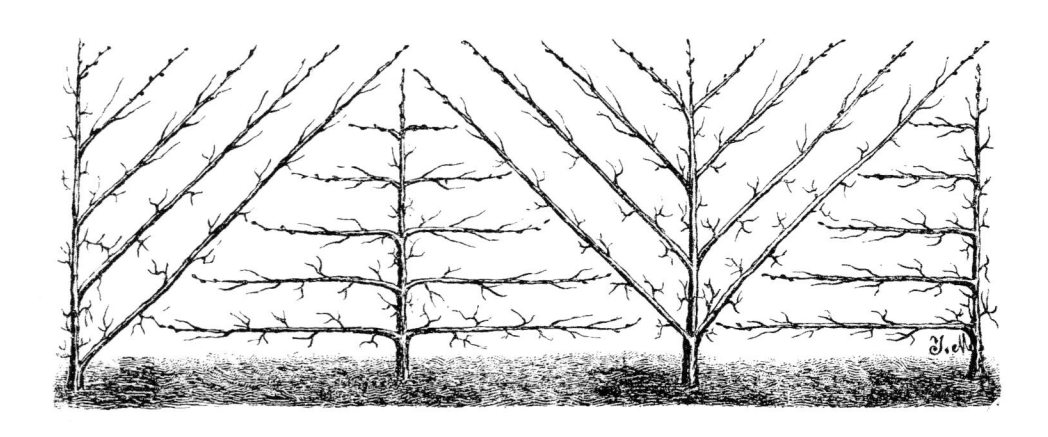

Verbindung vom Palmetten mit schrägen und wagerechten Armen

Die Kräfte der Birne

Wie der Apfel wurde auch die Birne bei der Behandlung Kranker eingesetzt und als wirksames Mittel bei Verdauungsstörungen gepriesen. Doch Vorsicht, die Birne hat es in sich: „Rohe Birnen (können) Blähungen und Beklemmungen hervorrufen – worunter Herzkranke besonders leiden – und Migräne verursachen", soll schon Hildegard von Bingen gesagt haben. Gekochte Birnen seien dagegen nützlicher und wertvoller als Gold, so ein weiterer Rat, ebenfalls von Hildegard von Bingen.
Die günstige Zusammensetzung ihres Mineralstoffgehaltes aus Kalium, Kalzium, Natrium, Magnesium, Eisen und Phosphor lässt die Birne zu einer gesunden Frucht werden, die kreislaufregelnd und entlastend auf Herz und Nieren wirkt. Ihr Gerbsäureanteil begünstigt zudem die Verdauung.
Was Frucht und Baum außerdem bewirken können, zeigen folgende Aufzeichnungen aus dem Mittelalter:

Byrbaum und seine Wirkungen

Sie werden fürnemlich in zwey theil getheilet, nemlich in zame und wilde. Die wilden nennet man Holzbyren. Sie haben fast alle einerley Rinden, welche rauhe ist / den gleiche fast einerlei Bletter/wachsen von irem stam hoch auff mit starken ästen wie die Äffelbäume.
Byren sind kalt im ersten Grad und trocken im anderen. Was aber süsse und zeitige Byren sind/ die sind theilhaftig etlicher wärme und feuchtigkeit. Andere Byren/sie seyen gleich süsses und hanniges/oder sauren geschmacks (dann etliche dergleichen sind) haben auch wenig wärm/und sind etwas trucken/Derhalben sie vor der Speiß genossen/den bauch stopffen.
Gebraten und gesotten/stärcken sie den Magen/ und benemmen den Durst. Die wilden stopfen / und bringen des Magens auffstossen. Die grossen zamen Byren sind besser in der Speise, denn die kleinen. Aber die kleinen roh gegessen / speisen mehr denn die grossen. Gekochte Byren sind gut/ dann sie stärcken und weichen den Bauch. Byren gesotten in Wasser/danach gestossen/ und auf den Magen gelegt/benimpt das brechen so sich von Cholera erhebt.
Aus den Blettern des Byrbaumes/und aus der wilden Byrn/macht man Bähunge und Bäder wider die herfürgehende Mutter.
Wir können vermuten, dass heute nur noch wenige Menschen Blüten, Blätter, Früchte oder Rinde des Birnbaums als Heilmittel verwenden. Heilsam auf unser Gemüt wirken vielleicht noch der blühende Baum im Mai und der Anblick der reifen Früchte am Baum im Herbst.

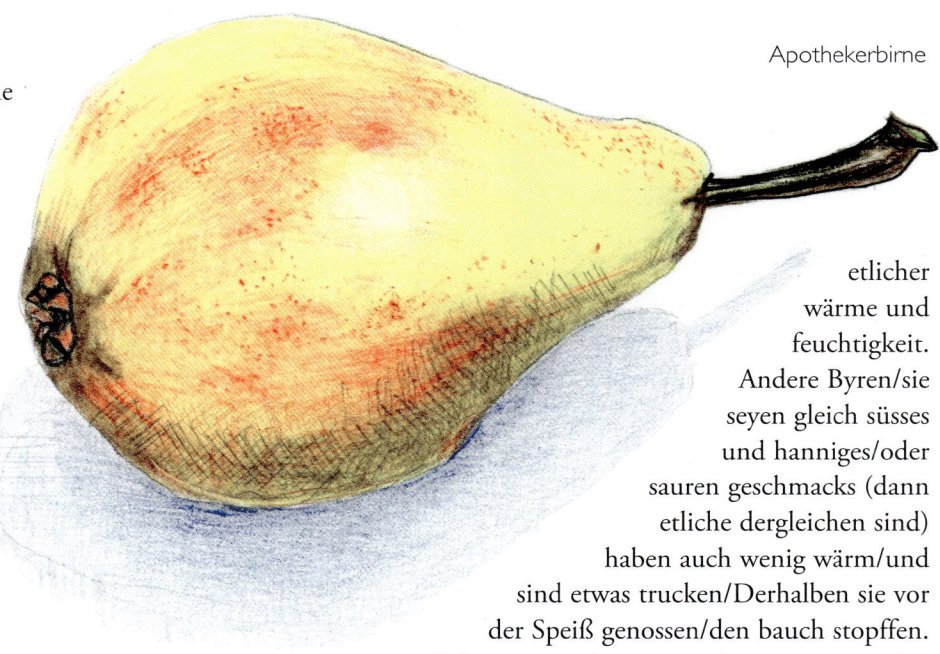

Apothekerbirne

Getrocknete Birnen

Vergessene Birne

39

Einteilung der Birnensorten, nach Karl Friedrich Eduard Lucas (1816–1882)

Im 18. Und 19. Jahrhundert versuchten Obstkundler oder Pomologen ein System in die große europäische Sortenvielfalt zu bringen. Zunächst sortierten sie die Sorten nach den Jahreszeiten, in denen sie reiften, in Sommer-, Herbst- und Winterbirnen. Auch die Verwendung als Tafel-, Küchen- oder Weinsorten war ein Unterscheidungskriterium. Je weiter die Fachleute aber in die Welt der Birnensorten vordrangen, umso mehr Unterschiede wurden sichtbar und benannt: Größe und Form der Frucht, Schalenbeschaffenheit, Konsistenz und Farbe des Fruchtfleisches, Zucker- und Säuregehalt, Aroma und Haltbarkeit der Frucht. Selbst Stiellänge und Tiefe der Kelchgrube, Schalenpunkte und der diese umgebende farblich abweichende „Hof" wurden beschrieben. Dem wurden dann noch die Eigenschaften und Standortanforderungen des jeweiligen Baumes hinzugefügt. So entstand innerhalb einiger Jahrzehnte ein System der Birnensorten, das für die europäische Fachwelt zur Grundlage einer gemeinsamen Sprache und Voraussetzung für Bestimmung und Zuordnung der großen Sortenvielfalt wurde.

In Deutschland haben sich bei dieser Systematisierung Pomologen einen Namen gemacht. Bei den Birnen sind das vor allem Diel und Eduard Lukas, dessen Klassifizierung hier vorgestellt wird.

T = Tafel, K = Küche, W = Fruchtweinherstellung, WB = Brennerei

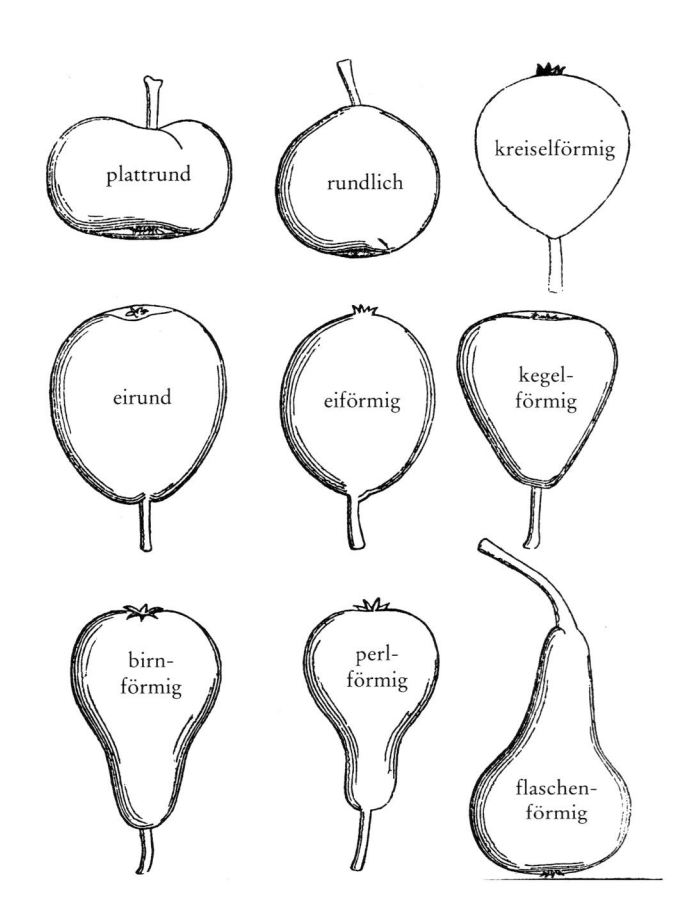

Butterbirnen. T, K

Abgestumpfte, regelmäßige Kegelform, schmelzendes Fruchtfleisch, aromatisch. Sorten: Köstliche von Charneu (Bürgermeisterbirne), Diels Butterbirne, Liegels Winterbutterbirne, Amanlis Butterbirne, Esperine

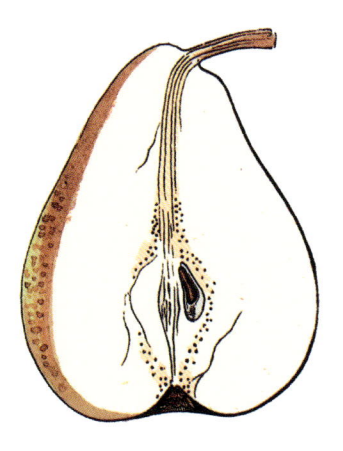

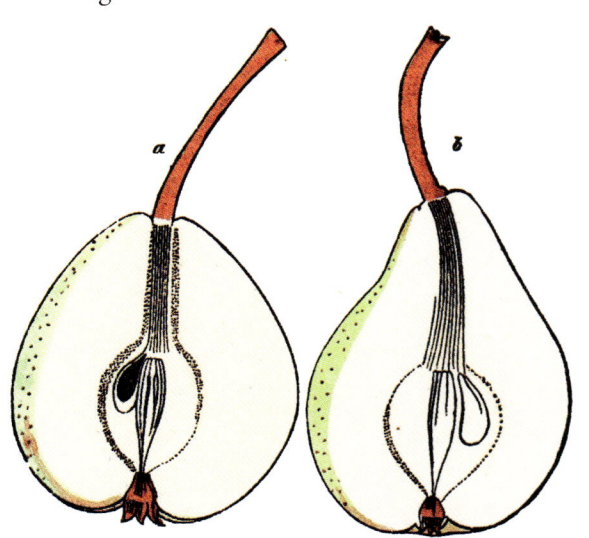

Bergamotten. T, K, W, B

Rundliche oder platte Fruchtform, am Stiel abgeplattet, oft mit Stielgrube wie beim Apfel. Schmelzendes Fruchtfleisch, aromatisch. Sorten: Rote Bergamotte, Esperens Bergamotte, Edelcrassane, Esperens Herrenbirne

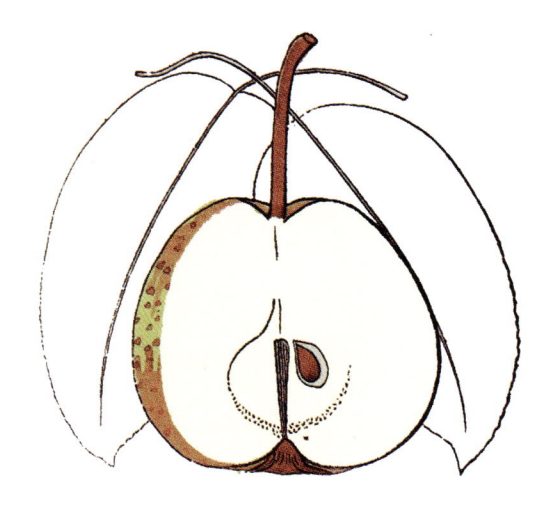

Halbbutterbirnen. T, K, W

Form wie bei der Butterbirne, jedoch ist das Fleisch nur halbschmelzend. Sorten: Runde Mundnetzbirne, Grüne Sommermagdalene

Halbbergamotten. T, K, W

Form wie bei der Bergamotte, aber nur halbschmelzendes Fruchtfleisch. Sorten: Nationalbergamotte, Gelbe Pomeranzenbirne, Julidechantsbirne

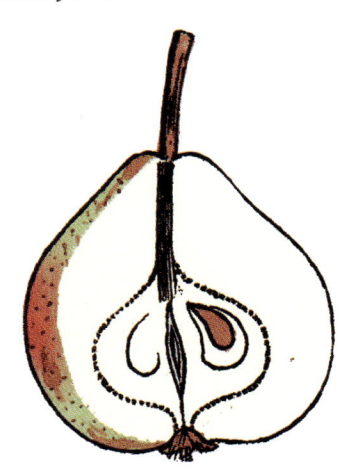

Grüne Langbirnen. T, K, W

Längliche Form, Schale grün oder grünlich-gelb. Keine oder nur wenig Berostung, schmelzendes oder halbschmelzendes Fruchtfleisch. Sorten: Lange grüne Herbstbirne, Pastorenbirne, Englische Sommerbutterbirne

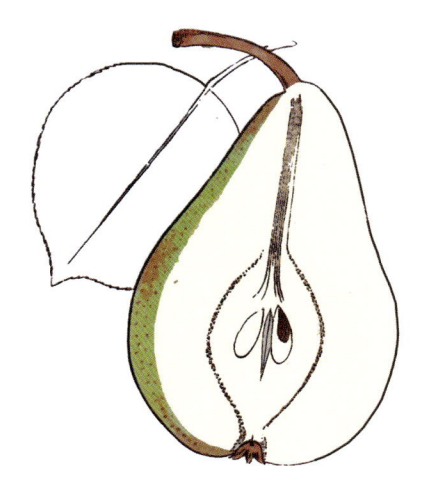

Apothekerbirnen. T, K, W, B

Von unregelmäßiger Form, Früchte oft asymmetrisch und beulig, Fruchtfleisch schmelzend oder halbschmelzend. Sorten: Williams Christbirne, Napoleons Butterbirne, Sommer-Apothekerbirne, Vereinsdechantsbirne, Herzogin von Angoulême

Flaschenbirnen. T, K

Längliche oder lange Form. Schale grünlich-gelb oder gelb, z. T. mit einer zimtfarbenen Berostung überzogen. Sorten: Clairgeaus Butterbirne, Prinzessin Marianne, Bosc's Flaschenbirne (Kaiserkrone), Marie Louise, Capiaumont

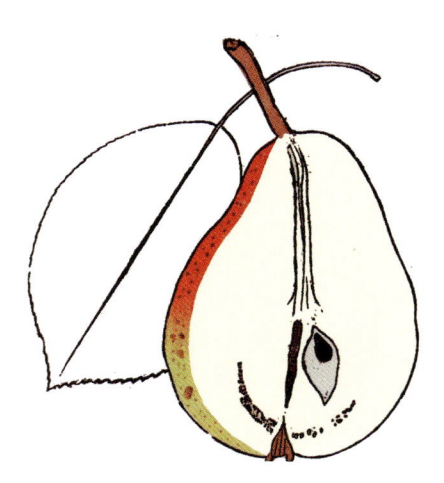

Russeletten. T, K, W, B

Kleine oder mittelgroße Früchte von länglicher Gestalt. Schmelzendes oder halbschmelzendes, manchmal zimtartig gewürztes Fruchtfleisch, Schale teilweise oder flächig rotbraun gefärbt. Meist berostet. Sorten: Gute Graue, Forellenbirne, Stuttgarter Geißhirtle, Gute Luise von Avranches

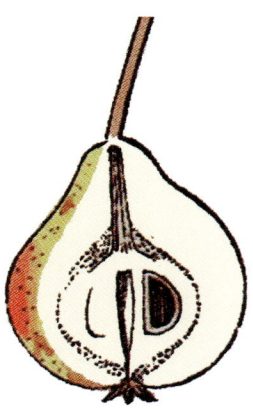

Muskatellerbirnen. T, K

Meist kleine bis mittelgroße Sommerbirnen von länglicher Form und angenehmen Muskatgeschmack. Sorten: Muskatellerbirne, Muskierte Zitronenbirne, Lange gelbe Sommermuskateller

Längliche Kochbirnen. K

Sorten: Trockener Martin, Grüne Pfundbirne, Großer Roland, Kamper Venus

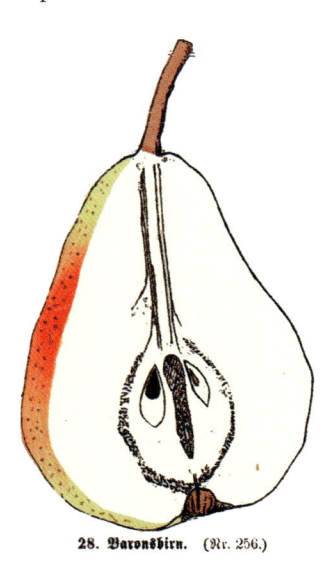

28. Baronsbirn. (Nr. 256.)

Gewürzbirnen. K, W

Kleinfrüchtige, rundliche und längliche Birnen von gleicher innerer Beschaffenheit oder auch großfrüchtige mit runder Form. Sorten: Salzburger Birne, Sommereierbirne, Leipziger Rettichbirne, Hannoversche Jakobsbirne

Rundliche Kochbirnen. K

Sorten: Graubirne, Olivenbirne

Längliche Weinbirnen. W
Sorten: Gelbe Wadelbirne, Feigenbirne

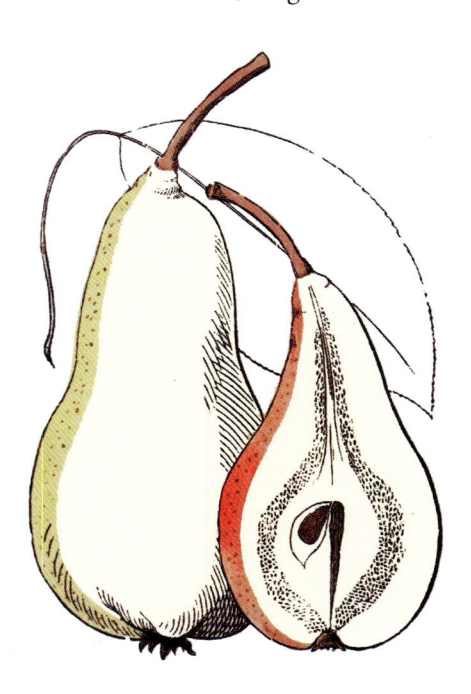

Rundliche Weinbirnen. W
Sorten: Großer Katzenkopf, Kleiner Katzenkopf, Schweizer Wasserbirne, Champagner-Bratbirne

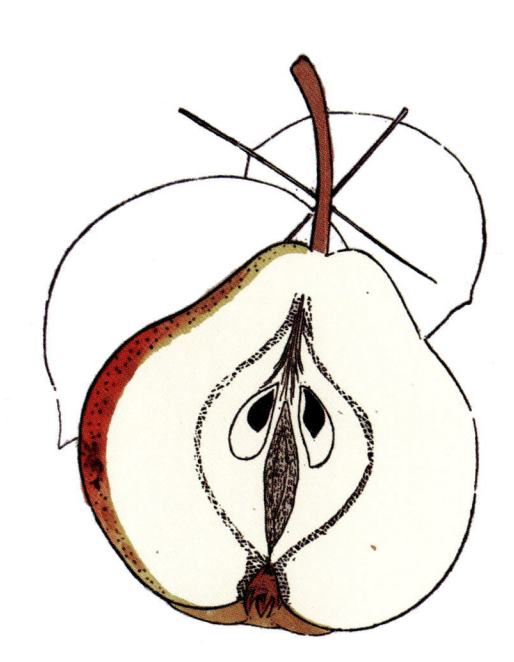

Clara Fries

Die „Comtesse Clara Frijs" sei eine Birne „neueren Ursprungs" und stamme aus Själand in Dänemark, so steht es am Anfang der alten Sortenbeschreibung, die aus dem vorletzten Jahrhundert stammt. Sie wurde 1858 zum ersten Mal beschrieben und zwar unter dem Namen „Skensvedbirne". Skensved ist ein Ort zwischen Roskilde und Koge auf der Ostseeinsel Seeland. Neben der Birne Graf Moltke hat sich die Sorte in Dänemark, selbst im Erwerbsobstbau halten können. Die Dänen lieben ihre „Clara Fries", die Birne, die allen Stürmen und Wettern widersteht und große reichtragende Bäume bildet. Auch in Schleswig-Holstein ist sie noch verbreitet. Allerdings hatte sie hier wie auch in Dänemark unter der Konkurrenz der importierten Birnensorten aus Belgien und Frankreich zu leiden.

Ende September wird „Clara Fries" noch grünschalig pflückreif. Sie verfärbt sich dann innerhalb kurzer Zeit in ein blasses Gelb. Ihre Haltbarkeit ist von kurzer Dauer. Die Birne ist frisch gepflückt von einem angenehm „markigen Geschmack".

Auch heute noch wird „Clara Fries" für das Anpflanzen in kühleren Lagen, vor allem im Seeklima, empfohlen.

Clara Fries

Zur Pflege des Birnbaumes

Der Birnbaum bildet im Allgemeinen eine schlankere Krone als der Apfel-, Kirsch- oder Pflaumenbaum und erreicht so, ließe man ihn in Ruhe, auch größere, manchmal unerreichbare Höhen.
Der Stamm, seine Mittelachse, ist deutlich ausgeprägt, seine Seiten- oder Leitäste bleiben durch diese Dominanz im Wachstum zurück. Diese Eigenart sollte man bei den Schnittmaßnahmen berücksichtigen.

Birne von Tongern

Pflanzschnitt

Der junge Baum sollte spätestens nach dem Pflanzen so beschnitzten werden, dass Wurzeln und Krone ins Gleichgewicht gebracht werden. Je weniger Wurzeln, umso weniger Krone. Je stärker der Rückschnitt, umso stärker wird der neue Austrieb. Der Schnitt erleichtert so das Anwachsen auf dem neuen Standort. In manchen Baumschulen bekommt der Baum gleich beim Kauf den richtigen Pflanzschnitt.
Der Mitteltrieb oder die Stammverlängerung wird etwa um die Hälfte direkt über einer Triebknospe gekürzt. Gibt es zwei Mitteltriebe oder sogar drei (Konkurrenztriebe), bleibt nur einer stehen. Konkurrenztriebe werden

Titelseite der schleswig-holsteinischen Zeitschrift für Obst- und Gartenbau, Jahrgang 1900

bündig am Austritt aus dem Stamm abgeschnitten. Dabei dürfen keine „Stummel" stehen bleiben, aus denen der entfernte Trieb neu auferstehen und zusätzlich neue Triebe schieben könnten. Man wähle nun unter den Zweigen, die von der Mitte des Baumes nach außen zeigen, drei bis vier Leittriebe aus, schön rund um den Baum verteilt, und kürze diese auf gleicher Höhe direkt über einer Triebknospe, die jeweils nach außen zeigt, etwa 10 cm unterhalb der Spitze der Mittelachse bzw. Stammverlängerung.

Erziehungsschnitt

Beim Rückschnitt in den nächsten zwei Standjahren werden Leittriebe und Stammverlängerung je nach Wüchsigkeit des Baumes um etwa ein Drittel gekürzt, um die Krone zu stabilisieren. Die Leitäste haben sich verzweigt, wobei die seitliche Verzweigung erwünscht ist. Aufsitzer aber, die jungen Triebe, die sich oben auf einem Leitast gebildet haben und ähnlich wie der Mitteltrieb senkrecht nach oben wachsen, müssen entfernt werden. Das gilt auch für solche Zweige, die nicht nach außen, sondern in die Krone hineinwachsen. An Leitästen und Stammverlängerung ist zu überprüfen, ob sich nicht wieder eine Konkurrenz, also ein ebenbürtiger Trieb, herausbildet. Er würde später zu einer unerwünschten Gabelung führen, die den erwachsenen Baum destabilisieren kann.

Wie lässt sich zwischen Trieb- und Fruchtholz unterscheiden? Fruchtholz ist mehrjährig, mit kürzeren Trieben und im März und April mit dickeren Knospen besetzt, aus denen im Frühjahr die Blüten hervorbrechen. Triebholz ist im Allgemeinen länger, farbiger und glatter sowie mit sehr kleinen Knospen besetzt. Die Erkennung dieses Unterschiedes ist Voraussetzung für den erwünschten Ertrag.

Erhaltungsschnitt

Der Birnbaum darf nun wachsen, so weit die Leiter reicht. Irgendwann, nach etwa 15 bis 20 Jahren, stellt sich die Frage, ob man die leuchtenden Früchte aus der Spitze des Baumes ohne Absturzgefahr ernten kann oder nicht. Wenn nicht, dann lässt sich der Haupttrieb der Birne je nach Stärke des Mitteltriebes um zwei bis drei Meter und eventuell auch mehr zurücknehmen. Dabei ist darauf zu achten, dass man bündig an einem Seitenast abschneidet, der einigermaßen senkrecht nach oben steht und zunächst notdürftig die Funktion der abgesägten Spitze übernehmen kann. So genannte weiche Triebe oder „Wasserschosse" im Stamm- und Leitastbereich als Reaktion des

Baumes auf diesen starken Rückschnitt sind im folgenden Frühsommer zu entfernen. Sie würden die sich neu bildende Krone unnötig verdichten.

Verjüngungsschnitt
Zeigt der Birnbaum Vergreisungserscheinungen, d. h. viel Totholz oder abgestorbene Äste, sehr kurzes Triebwachstum, dichten Besatz mit altem Fruchtholz oder starke Blütenbildung im Gegensatz zu wenigen oder sehr kleinen Früchten, kann ein stärkerer Rückschnitt Wunder wirken. Dabei ist darauf zu achten, dass immer oberhalb eines Abzweiges geschnitten wird, damit sich bei Austrieb am verbliebenen Ende Blätter und Triebe bilden können. Nur so ist die Saftversorgung des betreffenden Astes im Folgejahr gewährleistet. Es sollten nur im Ausnahmefall „Kleiderhaken" entstehen. Das sind kahle Äste unterschiedlicher Länge, die aus dem Stamm austreten und nach dem Schnitt keinerlei Knospen oder Zweige mehr aufweisen. Der Saftstrom im folgenden Frühjahr geht leicht an ihnen vorbei und gibt sie auf.

Conference

Befruchtungsverhältnisse bei Birnen

Birnenblüten sind, wie auch die der Äpfel, selbststeril. Das bedeutet, dass die männlichen Pollen (Staubgefäße) in einer Blüte bei der ebenfalls dort vorhandenen weiblichen Anlage (Stempel) keine Befruchtung auslösen können. Hier hat die Natur eine Barriere eingebaut. Zur Befruchtung bedarf es immer der Pollen einer anderen Sorte. Obstblüten sind im Allgemeinen nur wenige Tage befruchtungsfähig. Insekten, die sich von Pollen und Nektar dieser Blüten ernähren, wie z. B. die Honigbiene, bringen bei günstigen Witterungsverhältnissen auf ihrem „Rundflug" von Birnbaum zu Birnbaum die richtigen Pollen mit. Bienen sind in dieser Hinsicht sehr zuverlässig: Wenn sie sich einmal für die Beweidung der Birnenblüte entschieden haben, bleiben sie dabei, bis ihnen ein neuer „Auftrag" gegeben wird.

Problematisch wird es, wenn der richtige Partner zu einem Birnbaum abstirbt oder bei einer Neupflanzung die Befruchtungsbiologie nicht bedacht wurde. Dann kann es vorkommen, dass sich der Birnbaum prächtig entwickelt und blüht, aber niemals Früchte trägt. Ein geeigneter Partner ist dann vonnöten. Eine Möglichkeit ist, den Zweig einer geeigneten Vatersorte in den Birnbaum zu pfropfen. Wenn sich dann die Blüten von „Mutter" und „Vater" gegenseitig befruchten können, ist das besonders günstig.

Welche Birnensorte benötigt welche Befruchtersorte?

Birnensorte	Befruchtersorte
1. Alexander Lukas	9, 11, 22, 38
2. Amanlis Butterbirne	7, 16, 22, 23, 30
3. Apothekerbirne	nicht bekannt
4. Augustbirne	nicht bekannt
5. Birne von Tongern	7, 8, 9, 11, 16, 22, 28, 30, 37, 38
6. Blumenbachs Butterbirne	5, 7, 9, 15, 16, 22, 28, 30, 38
7. Bosc's Flaschenbirne	9, 11, 28, 37, 38
8. Bunte Julibirne	9, 11, 13, 15, 38
9. Clapps Liebling	7, 15, 18, 22, 28, 38
10. Clara Fries	nicht bekannt
11. Conference	7, 22, 28, 37, 38
12. Doppelte Philippsbirne	8, 9, 28, 16, 22, 38
13. Edelcrassane	22, 37, 38
14. Forellenbirne	22
15. Frühe von Trévoux	7, 38
16. Gellerts Butterbirne	9, 22, 28, 30, 37, 38
17. Graf Moltke	nicht bekannt
18. Gräfin von Paris	7, 9, 16, 28, 30, 38
19. Großer Katzenkopf	nicht bekannt
20. Grüne Sommermagdalene	nicht bekannt
21. Gute Graue	9, 16, 18, 22, 30
22. Gute Luise von Avranches	9, 11, 15, 28, 37
23. Herzogin Elsa	11, 15, 28, 39
24. Hofratsbirne	6, 7, 11, 22, 28, 30, 38
25. Jeanne d'Arc	28, 37, 38
26. Josephine von Mechelen	8, 15, 16, 18, 22, 30, 38
27. Julidechantsbirne	nicht bekannt
28. Köstliche von Charneu	5, 7, 16, 18, 22, 38
29. Lübecker Sommerbergamotte	nicht bekannt
30. Madame Verté	5, 7, 16, 28, 27, 38
31. Nordhäuser Winterforelle	22, 38
32. Olivier de Serres	6, 30, 37, 38
33. Petersbirne	nicht bekannt
34. Rote Bergamotte	nicht bekannt
35. Stuttgarter Geißhirtle	nicht bekannt
36. Triumph de Vienne	5, 9, 15, 18, 22, 30, 38
37. Vereinsdechantsbirne	7, 9, 11, 16, 38
38. Williams Christbirne	9, 16, 18, 28, 37

Der richtige Pflück- und Genussreifezeitpunkt der Birne

Bei der Auswahl des Obstes in der Obstabteilung des Supermarktes entscheidet unser Auge, weniger oder gar nicht die Zunge. Im großflächigen, erwerbsmäßigen Anbau werden Früchte gepflückt, ehe sie Gefahr laufen, als Fallobst unter dem Baum zu landen und damit verdorben zu sein. Das Sortieren mit modernen Geräten erfordert Stoßfestigkeit, d. h. feste Schale und festes Fruchtfleisch. Das ist bei der noch nicht vollreifen Frucht sichergestellt. Die Früchte finden sich dann im Kühllager wieder. Ihr Reifeprozess ist unterbrochen oder zumindest stark verlangsamt, was den Geschmack beeinträchtigen kann. Heranreifen kann die Frucht meist erst dort, wo der Kunde auf sie trifft oder bei diesem zu Hause.
Der Kunde als König möchte Obst zu jeder Zeit, und das geht nicht ohne zentrale Lagerhaltung. Aroma und Konsistenz einer Birne hängen stark davon ab, wann sie gepflückt und wie sie gelagert wurde. Die Genussreife lässt sich bei einigen Sorten, z. B. bei den Butterbirnen, feststellen, wenn sie sich mit dem Daumen eindrücken lassen. Als sicheres Zeichen gilt: Bei unreifen Birnen sind die Kerne weiß oder hellbraun, bei reifen Birnen sind sie dunkelbraun bis schwarz. Das lässt sich im Supermarkt leider nicht überprüfen.
Manche Birnen sind zum Pflückzeitpunkt schon „fertig": Pflück- und Genussreife fallen zeitlich zusammen. Je nach Sorte haben Birnen jedoch manchmal einen zeitlichen Abstand zwischen ihrer Pflück- und ihrer Genussreife. Der Pflückreifepunkt ist leicht zu ermitteln: Knicke ich die Frucht vorsichtig drehend nach oben und sie löst sich leicht vom Zweig, dann ist ihr Erntezeitpunkt da. „Die richtige Zeit für die Birnenernte zeigt uns der Baum selber dadurch an, daß er mittels einer ringförmig nach innen wachsenden Korkschicht den Stiel langsam abschnürt. Hat sich diese Korkschicht etwa zur Hälfte gebildet, so löst sich die Frucht bei einer halben Drehung mit der Hand leicht vom Fruchtholz", heißt es in der Anleitung für den Obstbau im Lübschen Staatsgebiet von 1917. Meist hat der Birnbaum als Signal schon einige gesunde Früchte fallen lassen. Vorsicht, wurmstichige Früchte fallen oft schon lange vor der Baumreife! Bleiben beim Pflücken Reste vom Zweig (Fruchtholz) am Stiel hängen, ist es für eine Ernte zu früh.

Pastorenbirne

Der Biss in eine geerntete, aber nicht genussreife Frucht kann sehr enttäuschend sein. Die „Gräfin von Paris" zum Beispiel schmeckt im Oktober eher wie eine Rübe vom Feld. Erst auf dem kühlen Lager bei 6–8 Grad Celsius entwickelt sie während vieler Wochen ihre besonderen Qualitäten. Einige Sorten müssen nur zwei bis drei Wochen nach der Ernte liegen, bis sie für den Verzehr geeignet sind. Andere werden im Oktober gepflückt und erst im April genussreif. Es wäre fatal, eine Lagerbirne zu pflanzen, wenn keinerlei Lagermöglichkeit zur Verfügung steht.

Bunte Julibirne

Zu den meisten Birnensorten gibt es Angaben über Reifezeiten. Hier die Pflück- und Genussreifezeiten einiger Birnensorten in Schleswig-Holstein:

Sorte	Pflückreife	Genussreife
Alexander Lukas	Oktober	Oktober bis Mitte November
Bunte Julibirne	August	August
Clapps Liebling	Anfang September	September
Edelcrassane	Anfang November	Januar bis März
Frühe von Trévoux	August	August
Gellerts Butterbirne	Ende September	Oktober
Gräfin von Paris	Oktober	Dezember bis Februar
Jeanne d'Arc	Anfang November	November bis Februar
Köstliche von Charneu	Oktober	Oktober bis Anfang Dezember
Pastorenbirne	Oktober	Dezember bis Februar

Lübecker Sommerbergamotte (im unreifen Zustand)

Tirlemont

Die „Flaschenbirne" oder auch „Kalebasse von Tirlemont" besticht durch ihre Fruchtgröße, ähnlich der heute verbreiteten Kaufhaussorte „Abate Fetel". Die Farbe der Schale ist allerdings nicht grün oder gelb, sondern vollständig bronzefarben. Der Birnbaum wirkt mit den langgestreckten und z.T. riesigen Früchten wie ein exotischer Fruchtbaum der tropischen Zonen. Die Sorte tauchte zwischen 1860 und 1880 in Tirlemont/Belgien auf und war schon nach wenigen Jahren überall im Land, einige Zeit später auch in Deutschland verbreitet.

Große Früchte üben bei dem Betrachter immer eine besondere Anziehungskraft aus, vor allem, wenn sie zwischen „Winzlingen" liegen.

Die Birne wird Ende September pflückreif und muss bald verbraucht werden, so wie die meisten Butterbirnen.

Tirlemont

Das Problem ‚Birnengitterrost'

Dass der Birnbaum durch Verschorfung schwarz überzogene Blätter und dunkle aufgeplatzte und hässliche Früchte bekommen kann, ist bekannt. Auch der hier sehr selten zu beobachtende Feuerbrand, der in kurzer Zeit ganze Teile des Birnbaumes abtötet und schwarz und verbrannt aussehen lässt, ist einigen Birnengärtnern schon begegnet. Diese von Bakterien ausgelöste Krankheit, meist durch den Weißdorn übertragen, ist meldepflichtig. Seit einigen Jahren hat nun eine neue Krankheit Einzug gehalten und stellt eine nicht geringere Bedrohung für den Birnenbestand in Schleswig-Holstein dar.

Im Juni bekommen die Blätter der Birne zunächst blassgelbe, einige Milimeter große Flecken, die sich im Laufe des Sommers größer werdend in ein leuchtendes Orangerot entwickeln können. Der befallene Birnbaum wirkt so, als sei er mitten im Sommer noch einmal und zwar rot erblüht. Bei diesem Phänomen handelt es sich um eine ansteckende Pilzkrankheit, die in der Vergangenheit immer mal wieder auch in Norddeutschland aufgetreten war. Jedoch ist der zeitliche Abstand zur letzten Gitterrost-Epidemie so groß, dass viele, auch ältere Birnbaum-Besitzer in Schleswig-Holstein dieses Krankheitsbild nicht kannten.

Blumenbachs Butterbirne.

Der Birnbaum wird durch diesen Pilzbefall bzw. die Reduzierung der gesunden Blattfläche erheblich geschwächt. Ein Triebwachstum findet kaum noch statt. Oft lässt er als Reaktion seine Blätter frühzeitig fallen. Auch die Früchte muss der Baum lange vor der Reife abwerfen, um zu überleben. Zudem kann dieser „Stress" zu einer starken Blütenknospenbildung führen. Das ist die Überlebensstrategie der bedrohten Art nach dem Motto: Ehe ich sterbe, muss ich noch für viele Nachkommen sorgen und unser Überleben sichern!

Folgt dieser übermäßigen Blüte tatsächlich ein starker Fruchtbehang, muss der Birnbaum bei erneuter Rostinfektion im Folgejahr den Fruchtansatz wieder vorzeitig fallen lassen. Ein Teufelskreis, der eine rasche Vergreisung des Baumes vorantreibt.

Mit welchem Schadpilz haben wir es zu tun?
Der Gitterrostpilz beweist wie auch andere Pilze eine erstaunliche Anpassungsfähigkeit. Gäbe es nicht gleichzeitig die Bedrohung der Obstart Birne und letztlich die fehlende Birnenernte für uns.

Wenn die befallen Bäume im Herbst ihr krankes Laub abwerfen, ist der Pilz inzwischen so gut wie unschädlich und fort. Er kann den Winter im Birnenblatt nicht überleben, kann von dort auch nicht mehr die jungen austreibenden Blätter des Birnbaumes im nächsten Frühjahr infizieren. Um sein Überleben zu sichern, hat er sein Winterhotel in einer anderen Pflanze, dem Sadebaum, bezogen, um dort in Ruhe die nächste Attacke auf die Birne vorzubereiten.

Der Sadebaum (Juniperus sabina), ein aus China und Europa stammender Wacholder, ist der Zufluchtsort und Zwischenwirt dieses Rostpilzes. Im Herbst öffnen sich auf der Unterseite der befallenen Birnenblätter die während des Sommers gebildeten braunroten knorpeligen Gebilde und die austretenden Sporen werden durch den Wind fortgetragen. Treffen diese nun auf den Sadebaum, dringen sie in dessen Gewebe ein und überwintern. Im Frühjahr sind an den befallenen Zweigen des Juniperus spindelartige Verdickungen mit kleinen Knorpeln zu beobachten, aus denen pünktlich zum Blattaustrieb der Birnen die Sporen vom Wind aufgenommen und so wieder zu ihrem Sommerwirt gelangen. Dabei kann die Entfernung zwischen Wacholder und Birne einige Kilometer betragen. Besonders stark ist der Infektionsdruck dort, wo diese Wacholderart verstärkt zu finden ist, nämlich nicht in der freien Natur, sondern auf unseren Friedhöfen oder in den „immergrünen" Gärten unserer Dörfer und Städte. Es sind wohl niemals in der Geschichte in Schleswig-Holstein so viele Koniferen gepflanzt worden, wie seit den 60er Jahren des vergangenen Jahrhunderts. In Bau- und Pflanzenmärkten gehören diese immergrünen Gehölze zum Sortiment. Juniperus sabina, der Sadebaum, ist einer aus diesem Angebot, obwohl giftig in zweierlei Hinsicht: Er schützt sich gegen Fressfeinde durch ein Gift in seinen Zweigen und er sichert dem Feind der Birne das Überleben. Der Handel hält chemische Spritzmittel bereit. Allerdings funktioniert das nur bei gezielter und regelmäßiger Anwendung. Das beste Mittel gegen den Pilz ist der Verzicht auf den Juniperus. In anderen europäischen Ländern gibt es Überlegungen zum Verbot dieser Pflanze.

Wie lange die Birnbäume in Schleswig-Holstein dem Druck des Birnengitterrostes standhalten, ist ungewiss.

Pomarium Anglicum: Auffanglager und Lieferant alter Obstsorten

Esperens Bergamotte

Die alten Birnensorten werden heute in Sortengärten auch in Schleswig-Holstein gepflegt und erhalten. Früher waren sie landauf, landab bei den Menschen verbreitet. Doch die Zeiten haben sich geändert. Wirtschaftswunder und Verbraucherverhalten haben Obstbäume und -sorten verdrängt. Diese Tatsache ist inzwischen vielen Menschen bewusst. Mit der Beendigung der Selbstversorgung und der Umgestaltung der Gärten verloren die Fruchtlieferanten der vergangenen Jahrhunderte ihre Funktion und damit in unserer rationellen Welt ihre Daseinsberechtigung. Dieser Trend wurde verstärkt durch politische Maßnahmen wie Abholzungsprämien. Die amtliche Kennzeichnung der Obstbäume in Garten und Landschaft in der Vergangenheit mit dem Begriff „Streuobst" in Abgrenzung zum „modernen" Erwerbsobstanbau sagt viel über die Einstellung zu alten Obstsorten aus. Auch die Abschaffung vieler Landessortengärten in den 1990er-Jahren und die Überlassung von Sortenerhaltungsmaßnahmen an private Initiativen sind in diesem Zusammenhang zu nennen.

Mit der ökologischen Entwicklung in Deutschland seit den 1980er-Jahren, die spätestens seit der Fukushima-Katastrophe in Japan im Frühjahr 2011 wieder an Fahrt gewonnen hat, ist der zuvor negativ besetzte Begriff „Streuobst" ins positive Licht gerückt. „Streuobst" steht heute bei vielen Menschen für folgende Aspekte: hochwertiger Lebensraum, Artenvielfalt, landschaftliche Schönheit, Erholung, gesundes Obst und nicht zuletzt auch für Sortenreichtum. In der Werbung für Obstprodukte, wie zum Beispiel „Apfelsaft aus Streuobstwiesen", wird dies deutlich.

An vielen Stellen in Schleswig-Holstein haben Initiativen Obstwiesen angelegt und so alte, bedrohte Sorten vor dem Aussterben bewahrt. Das wäre allerdings schlecht möglich gewesen, wenn nicht gleichzeitig Bestandsaufnahmen noch vorhandener Obstbäume angefertigt sowie Sortenkataster und Erhaltungsgärten angelegt worden wären.

Einer dieser Sortenerhaltungsgärten ist das „Pomarium Anglicum", zu Deutsch „Angelner Obstgarten", im Söruper Ortsteil Winderatt. Seit mehr als 25 Jahren werden hier neben Beerenobst auch Apfel-, Birnen-, Pflaumen- und Kirschsorten erhalten und in der angeschlossenen Baumschule „auf junge Füße" gesetzt.

Hier finden sich die Obstsorten alter Pastorats-, Guts- und Hausgärten, die dort zwischenzeitlich zum Teil schon verschwunden sind: aus dem ländlichen Pastoratsgarten in Ulsnis, aus dem Stadtgarten der Alma de l'Aigle in Hamburg, aus dem Garten des Agathehofes in Klanxbüll in der nordfriesischen Marsch, aus dem Schlossgarten in Gravenstein und aus den Gärten der Vierlande, von

Späte Muskateller

den mageren Standorten und den Moorböden des Mittelrückens sowie von den windigen Standorten der Nord- und Ostseeinseln. In einigen Fällen ist der gesamte, in den 90er-Jahren noch vorhandene Sortenbestand von alten Obstgärten im Pomarium Anglicum gesichert.

Mit den Edelreisern und Sorten kamen auch viele Geschichten ins Obstmuseum. Geschichten, die eine Vielfalt an kulturhistorischen Elementen in sich bergen: Sortenwanderungen zwischen den Regionen, Herkunftsgeschichten verbunden mit Familiengeschichten und es geht dabei auch um soziales Engagement, bittere Armut und menschliche Unzulänglichkeiten.

Heute beherbergt das Pomarium Anglicum mehr als 800 Apfel- und Birnensorten sowie viele Sorten anderer Obstarten. In Themengärten wird der Umgang der Menschen mit den Obstbäumen vom „Wildbaum" über die mittelalterlichen Baumgärten bis in die Jetztzeit belegt. Kunstvolle Obstspaliere sind ebenso Bestandteil wie Laubengänge und natürlich viel Obst, das bei Veranstaltungen auch probiert werden kann.

In den Museumsräumen befinden sich in einer Dauerausstellung historische Fruchtmodelle alter Sorten, die einst für die pomologische Schulung eingesetzt wurden. Gegenstände zur Obstverarbeitung und -lagerung geben Einblick in die Bedeutung des Obstes in früherer Zeit.

Das Obstmuseum Pomarium Anglicum ist auch im Internet vertreten. Die Internetadresse lautet: www.pomarium-anglicum.de.

Birnen, Bohnen und Speck

Ein deftiges Hauptgericht mit Birnen, das hört sich exotisch an und ist bestimmt nicht jedermanns Geschmack. In der heutigen Zeit, in der Pizza, Döner, Currywurst und Big Macs Hochkonjunktur haben und Fastfood-Filialen sich selbst auf dem platten Land ansiedeln, klingt die Kombination ‚Birnen mit Fleisch" absurd. Doch schauen wir näher hin, dann entdecken wir in der norddeutschen Küche so manches alte bewährte Rezept mit Birnen. Bei „Muttern" zu Hause und selbst in Feinschmecker - Restaurants wird die Birne in Kombination mit Fleisch und Gemüse aufgetischt: Rotkohl mit Birnenspalten, Gemüseeintopf mit Kürbis, Karotten, Räucherspeck und Birnen und so fort.
Das im Norden wohl berühmteste Gericht mit der Frucht vom Birnbaum ist das in Hamburg und Schleswig-Holstein verbreitete „Birnen, Bohnen und Speck", mancherorts auch „Gröner Hein" genannt.
Wer kennt das Gericht hier im Norden nicht?
Die Erfinderin oder der Erfinder dieser Köstlichkeit und die Küche, in der es zum ersten Mal gekocht wurde, sind nicht bekannt. Hamburg beansprucht es

Packhams Triumph

für sich - die Schleswig-Holsteiner halten dagegen und geben es als ihre Kreation aus. Nun gehen die Grenzen der beiden ja ineinander über, Hamburg ist von dem nördlichsten Bundesland regelrecht ‚umzingelt'. Das erschwert die Suche nach dem Ursprung. Die Herkunft von „Birnen, Bohnen und Speck" wird wohl immer ein Geheimnis bleiben.

In Kochbüchern des 19. Jahrhunderts kann man das Gericht bereits finden. Dass die Bohne, als wichtiger Bestandteil der Speise in Hamburg früher auch als ‚türkische Erbse' bezeichnet wurde, zeigt Wege bzw. Herkunft der Kulturpflanze Bohne auf. Das bedeutet auch, dass diese erst zu Birne und Speck kommen musste, um das Gericht möglich zu machen. Im Mittelalter wurde angeblich die Puffbohne für ein ähnliches Gericht verwendet. Ebenso verhält es sich mit der Kartoffel , die - aus Südamerika stammend - als wichtiger Bestandteil des Gerichtes „Birnen, Bohnen und Speck" nicht genannt wird. Und so lange ist es noch nicht her, dass der Erdapfel bei uns angebaut wird. Vieles spricht deshalb dafür, dass „Birnen, Bohnen und Speck" nicht zu den ganz alten norddeutschen Rezepten gehört.

Wieso hat es die Birne geschafft, sich einen Platz in diesem berühmten Gericht zu ergattern? Warum hat der Apfel als Frucht Nummer eins diese Stelle nicht einnehmen können?" Dafür sprechen zwei Gründe:

Stuttgarter Geishirtle

1. das Aroma der Birne allgemein, welches das Geschmacksbukett von Bohnen, Bohnenkraut Räucherspeck und Kartoffeln erheblich verfeinert.
2. die besondere Eigenschaft „festkochend" zu sein und „Biss" zu behalten, was bei vielen Apfelsorten nicht der Fall ist. Sie würden möglicherweise das Gericht in einen unansehnlichen Brei verwandeln.

„Birnen, Bohnen und Speck" gab und gibt es am besten immer dann, wenn alle Zutaten frisch zur Verfügung stehen, nämlich in Sommer und Herbst.

Welche Birnensorten sind nun die besten zum Kochen?

Gut geeignet sind die Sorten mit kleineren Früchten, die ungeschält und im Ganzen gekocht werden. Dabei entfernt man nur den Kelch. Der Stiel bleibt dran. Die Sorten sollten eine gewisse Süße haben und wenig oder keine Bitterstoffe enthalten, wie das bei Mostbirnen der Fall ist. Sie dürfen auch nicht zu reif und weich sein, damit sie beim Kochen nicht zerfallen.

Welche Sorten eignen sich für „Birnen, Bohnen und Speck?"

In Schleswig-Holstein und Hamburg brauchen die Birnen oft einige Wochen länger, als im Süden Deutschlands, um Pflückreife bzw. Genussreife zu erlangen. Ende Juli werden bei uns die ersten Birnen reif. Bestens geeignet ist die „Grüne Sommermagdalene" oder „Citron de Carmes", in Bezug auf Aroma und Konsistenz. Die Birne kann auch schon 2 Wochen vor dem eigentlichen Pflückreifetermin verwendet werden. Im August wird die Palette der geeigneten Sorten mit „Augustbirne", „Bunte Julibirne", „Petersbirne", „Stuttgarter Geishirtle" und „Sommerbergamotte" schon größer. Der September glänzt mit verschiedenen Bergamotten, die „Gute Graue" oder „Grisbirne" und die „Frühe aus Trevoux". Im Oktober folgen dann „Speckbirne", „Hofratsbirne" und „Graf Moltke". Wer an keine der vorgenannten Sorten herankommt, kann versuchen, im Obsthandel „Packhams Triumpf" oder auch noch feste „Williams Christbirnen" zu erwerben. Winterbirnen, wie „Gräfin von Paris", „Madame Verté" und „Edelcrassane" sind wegen fehlender Genussreife im Herbst nicht so gut geeignet und bleiben oft körnig.

Hofrathsbirne

Cydonia – die Quitte

Die Quitte „Cydonia oblonga", ein baumartiger, bis zu 6 Meter hoher Strauch, wird heute meist als kleiner Baum gezogen. Ihre Triebe, Blätter und Früchte sind filzig behaart. Die rosenartigen Blüten erblühen nach der Apfel- und Birnenblüte erst gegen Ende Mai und entgehen so zumeist den Spätfrösten der Eisheiligen. Quitten, nicht zu verwechseln mit der rosa und rot blühenden Zierquitte „Chaenomeles japonica", sind selbstfruchtbar, bis auf die Sorte „Lescovac".

Die Heimat der Quitte ist vermutlich Vorderasien. Vor allem die Gebiete südlich des Kaukasus (Transkaukasien) werden immer wieder als Herkunft genannt. Dort kommt die Quitte heute noch wild vor. Sie bevorzugt sonnige Standorte und ein mildes Klima. In der Türkei soll es Hunderte verschiedener Quittensorten geben. Ihren botanischen Namen „Cydonia", von dem auch die deutsche Bezeichnung Quitte abgeleitet wurde, hat die Quitte von der kretischen Stadt Kydonia.

Die Frucht der Quitte und ihre Verwendung

Es gibt Apfel- und Birnenquitten, die wie Äpfel oder Birnen geformt sind, sich geschmacklich jedoch nicht wesentlich voneinander unterscheiden. Die Frucht ist gelb und je nach Sorte unterschiedlich stark von einem wolligen Filz bedeckt, der sich in der Reife abwischen lässt. Der Erntetermin der Quitte liegt im Oktober. Ihre Vollreife entwickelt sich in den nachfolgenden zwei bis drei Monaten, d. h. die Frucht ist lagerfähig und sollte auf jeden Fall nach der Ernte nachreifen.

Einige Sorten sind weich, so dass man sie schneiden kann. Andere bleiben hart und holzig und müssen zur Weiterverarbeitung oft lange gekocht werden. Die Quitte als Duftspender im Haus ist auch heute noch beliebt. Über die Verwendung der Quitte in früheren Zeiten schreibt Johannes Andresen, Lehrer der Obstbaumzucht am Tonderschen Seminar 1835: „Die Früchte haben einen starken Geruch, der in freier Luft angenehm ist, aber in Zimmern und Schlafkammern schädlich werden kann. Hysterische Personen können den Geruch von Quitten nicht vertragen. Der ausgepresste Quittensaft gibt einen stärkenden Wein; oder man kocht ihn dick mit Zucker und mischt ihn unter den Brandwein. Man trocknet und kocht die Früchte entweder allein oder unter Apfel- und Birnenmus. Die Samenkerne geben einen Schleim, der als Hausmittel und auch in der Medizin gebraucht wird."

Die Quitte ist auch heute noch als Grundlage für Saft, Gelee, Marmelade, Likör und selbst für Obstler sehr begehrt.

Die Herkunftsgeschichte der Quitte

Die goldenen Äpfel der Hesperiden sollen angeblich keine Äpfel, sondern Quitten gewesen sein. Und auch Solon, der Gesetzgeber Athens, welcher 600 Jahre vor Christi Geburt lebte, erinnerte an den alten Brauch und das Gesetz, dass eine Braut, ehe sie das Brautgemach betrete, den cydonischen Apfel essen muss. Das war die Quitte. Ob daher die Redewendung „in den sauren Apfel beißen" stammt und ob dies mit der Rolle der Frau im alten Griechenland zu tun hatte, bleibt dahin gestellt. Vielleicht hatten die Griechen ja süße, saftige Quitten für den Brautbiss. Wer schon einmal in eine Quitte gebissen hat, wird das wahrscheinlich kein zweites Mal freiwillig tun.

Bei Griechen und Römern war die Quitte eine Frucht, die in der Küche verarbeitet wurde und als Grundlage für viele Köstlichkeiten diente, z. B. gekocht und mit Honig vermischt als Dessert. Griechen und Römer nutzten die Quitte, neben Kräutern und Harzen, auch als Duftspender in ihren Häusern.

Wann die Quitte den Norden erreichte, ist nicht bekannt. Sicherlich wurde sie zunächst, wie wir das auch von anderen Kulturpflanzen kennen, vorwiegend als Medizinalpflanze genutzt. Am Ende des 19. Jahrhunderts wird es z. B. in Angeln kaum ein Gehöft gegeben haben, auf dem der Quittenstrauch fehlte. Die Quitte hatte um diese Zeit ihre größte Verbreitung erreicht und einen festen Platz in der ländlichen Küche gefunden.

Zum Standort im Garten und zur Pflege der Quitte

Auch im Vorgarten macht die Quitte als Ziergehölz mit ihren rosenartigen Blüten im Frühjahr und den gelben Früchten bis weit in den Herbst hinein einen guten Eindruck. Der Baum oder Strauch sollte auf einen gegen extreme Kälte und starke Winde geschützten Standort, möglichst in eine „Sonnenfalle", gepflanzt werden. Geeignete Schutzvorrichtungen, wie z. B. ein passender Flechtzaun, lassen sich auch im Nachhinein anbringen.

Die Quitte bevorzugt sandig-lehmige und leicht saure Böden und mag keine Staunässe. Dagegen übersteht sie Trockenperioden im Allgemeinen ohne Probleme.

Sie beansprucht keine intensiven Pflege- oder Schnittmaßnahmen wie z. B. der Apfel. Bei jungen Quitten sollte man darauf achten, dass die Krone locker aufgebaut ist. Bei älteren Bäumen sollten Totholz und sehr altes Fruchtholz entfernt werden. Es ist empfehlenswert, Schnittmaßnahmen nicht vor Anfang März durchzuführen, um Frostschäden zu vermeiden.

Die Braunfärbung des Fruchtfleisches

Selbst wenn die gelben Früchte nach der Ernte äußerlich unversehrt erscheinen, zeigt sich in manchen Jahren beim Zerteilen eine Braunfärbung des Fruchtfleisches der Quitte. Hier haben Umwelteinflüsse ihre Spuren hinterlassen. Die Fleischverfärbung kann z. B. durch den Säuregehalt des Bodens oder durch hohe Stickstoffgaben, manchmal auch durch eine zu späte Ernte ausgelöst werden. Die braunen Früchte sind aber keineswegs verdorben und können bedenkenlos verarbeitet werden.

Es wird sich bei diesen sechs als Quittenarten dargestellten Formen um Sorten gehandelt haben, die heute unter dem botanischen Namen „Cydonia oblonga" zusammengefasst sind.

Heute bieten Baumschulen folgende Sorten an: Beretzki-Birnenquitte, Konstantinopler Apfelquitte, Vranja, Riesenquitte von Lescovac, Portugiesische Birnenquitte, Wudonia, Ronda, Champion und Cydora, um hier nur einige zu nennen. Davon sollen im Folgenden vier Sorten näher dargestellt werden.

Johannes Andresen unterscheidet 1835 sechs verschiedene Quittenarten:

1. die „Apfelquitte", „Cydonia maliforma"
2. die „Birnenquitte", „Cydonia oblonga"
3. die „Portugiesische Quitte", „Cydonia lusitanica". Ihr Fleisch war zarter als das der anderen Quitten und zerfiel beim Kochen. Für eingemachte Quittenstücke war sie laut Andresen deshalb nicht geeignet.
4. die „Braunschweiger Quitte", eine Birnenquitte, deren Schale heller war als die der anderen Arten
5. die „Englische Baumwollquitte", „die sich durch einen starken Überzug von rötlicher Wolle auszeichnet" (Andresen)
6. die „Georgische Quitte", die man seinerzeit angeblich roh essen konnte. Roh essbare Quitten soll es auch heute noch geben, wie Türkei-Urlauber immer wieder berichten.

Beretzki-Birnenquitte

Beretzki-Birnenquitte

Die „Beretzki-Birnenquitte" stammt aus Ungarn, ist robust und wird häufig gepflanzt. Sie wächst stark und bildet sehr große, flaumige Früchte mit einem milden, aromatischen Geschmack. Entsaftet bildet sie eine gute Grundlage für Quittengelee und Marmelade.

Konstantinopler Apfelquitte

Riesenquitte von Lescovac

Die „Riesenquitte von Lescovac" stammt aus Serbien. Sie ist eine großfruchtige Apfelquitte und das Ergebnis einer Züchtung. Die Sorte bevorzugt gute und warme Lagen, hat einen starken Wuchs und reichen und regelmäßigen Behang. Sie ist geeignet für alle Verwendungsformen.

Konstantinopler Apfelquitte

Die Herkunft der „Konstantinopler Apfelquitte" ist nicht bekannt. Doch wie ihr Name schon sagt – Konstantinopel, gegründet als Byzanz und heute als Istanbul bekannt –, stammt sie wohl aus Südosteuropa oder Vorderasien. Die Sorte ist mittelstark wachsend, frosthärter und fruchtbarer als andere Quittensorten und in Schleswig-Holstein vielerorts zu finden. Die Fruchtreife zur Weiterverarbeitung ist im November und Dezember. Sie eignet sich hervorragend für die Verarbeitung zu Kompott.

Riesenquitte von Lescovac

Portugiesische Birnenquitte

Die Herkunft der „Portugiesischen Birnenquitte" ist nicht bekannt. Unter Umständen handelt es sich bei ihr um diejenige Sorte, über die Johannes Andresen vom Seminar in Tondern unter „Cydonia lusitanica" schon vor 175 Jahren berichtete. Die „Portugiesische Birnenquitte" wächst stark, ist kälteempfindlich und daher für viele schleswig-holsteinische Standorte nicht sonderlich gut geeignet. Sie trägt sehr große und besonders aromatische Früchte und wird von Kennern als Spitzensorte unter den Quitten bezeichnet. Sie ist für alle Verwendungsformen geeignet.

Portugiesische Birnenquitte

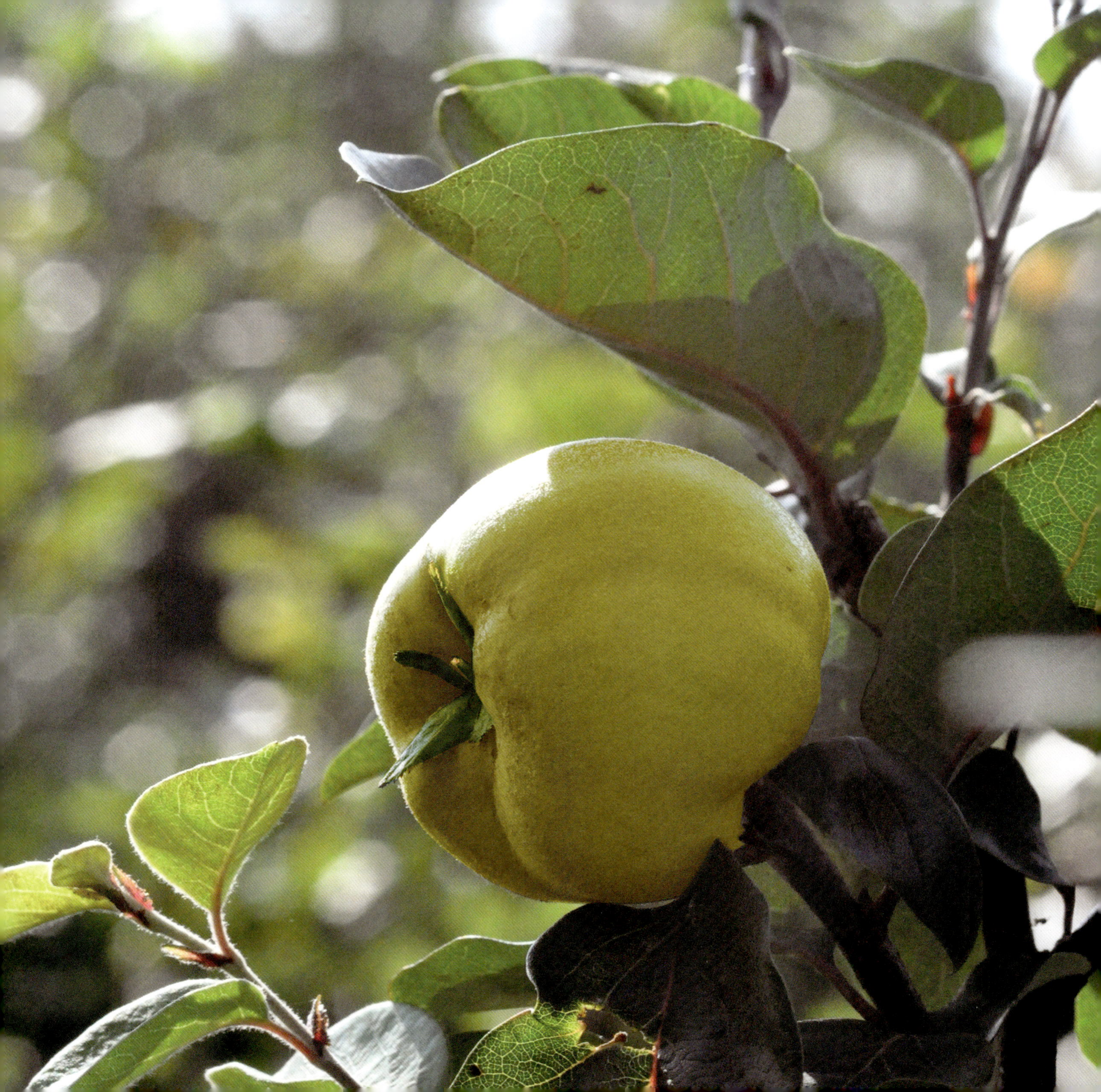

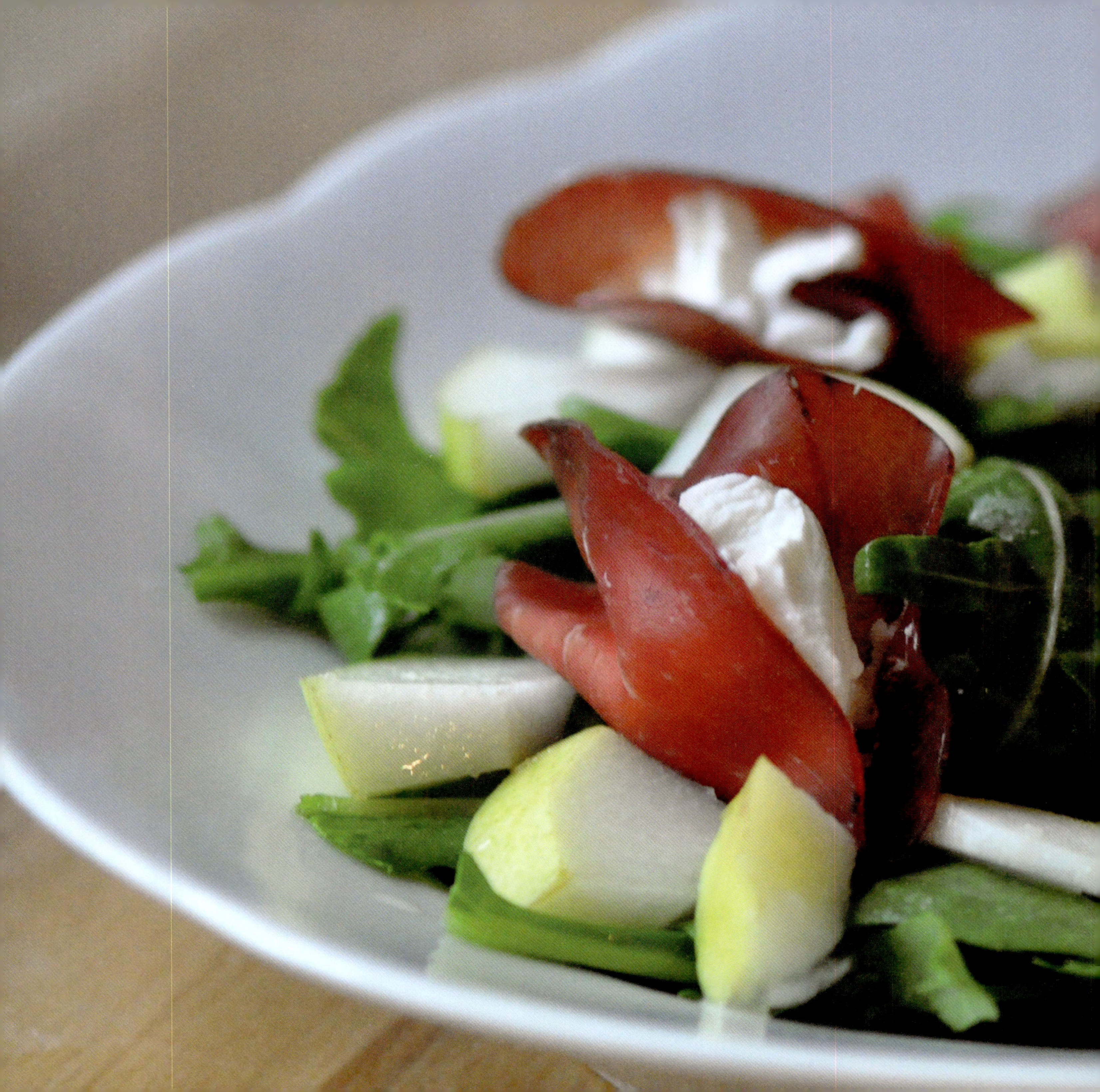

Rezepte

Landfrauenrezepte gesammelt und ausgewählt von Gabriele Schmidt

Schon bei den Arbeiten an unserem Apfelbuch war uns aufgefallen, dass wir unsere Ansicht von der sogenannten „Landfrauenküche" korrigieren mussten. Dieses Bild war, so mussten wir zugeben, etwas angestaubt und überholt.
Mit den Jahren haben sich die Frauen auf dem Lande – auch was ihre Kochgewohnheiten betrifft – der Welt geöffnet. Einerseits sind sie selbst gereist (weiter als mit dem Fahrrad ins Nachbardorf!) und haben von diesen Reisen außer ihren persönlichen Eindrücken auch Rezepte mitgebracht.
Andererseits haben Frauen - manchmal natürlich auch Männer - die aus anderen Ländern stammen und jetzt in unseren Regionen zu Hause sind, diese Kochgewohnheiten beeinflusst. Und über moderne Massen- und Kommunikationsmedien erschließt sich die Welt bis in den letzten Winkel.
So kommt eine Rezeptsammlung zu Stande, die noch einmal bunter ist, als das, was bisher „Landfrauenküche" hieß. Diese Sammlung spiegelt die gegenwärtige kulinarische Kultur in unserem Land. Darüber hinaus schafft sie den schwierigen Spagat, unsere beliebten Küchentraditionen zu bewahren – manchmal auch vergessene Rezepte wieder zu beleben - und uns neuen kulinarischen Erfahrungen zu öffnen.
In jedem Falle ist die sogenannte Landfrauenküche weit moderner als ihr Ruf. Wir wünschen Ihnen ein großes Kochvergnügen und viele schöne gemeinsame Essen!
Die Birnensorten, die wir in den Rezepten empfehlen, sind ebendies: Empfehlungen! Natürlich sind diese alten Sorten die ideale Zutat, aber manchmal muss man eben auf Supermarktware zurückgreifen. In jedem Fall sollten aromatische Birnensorten gewählt werden, damit der Eigengeschmack der Frucht in den Gerichten erfahrbar bleibt.
Alle Rezepte sind – sofern nicht anders beschrieben – für 4 Personen berechnet.

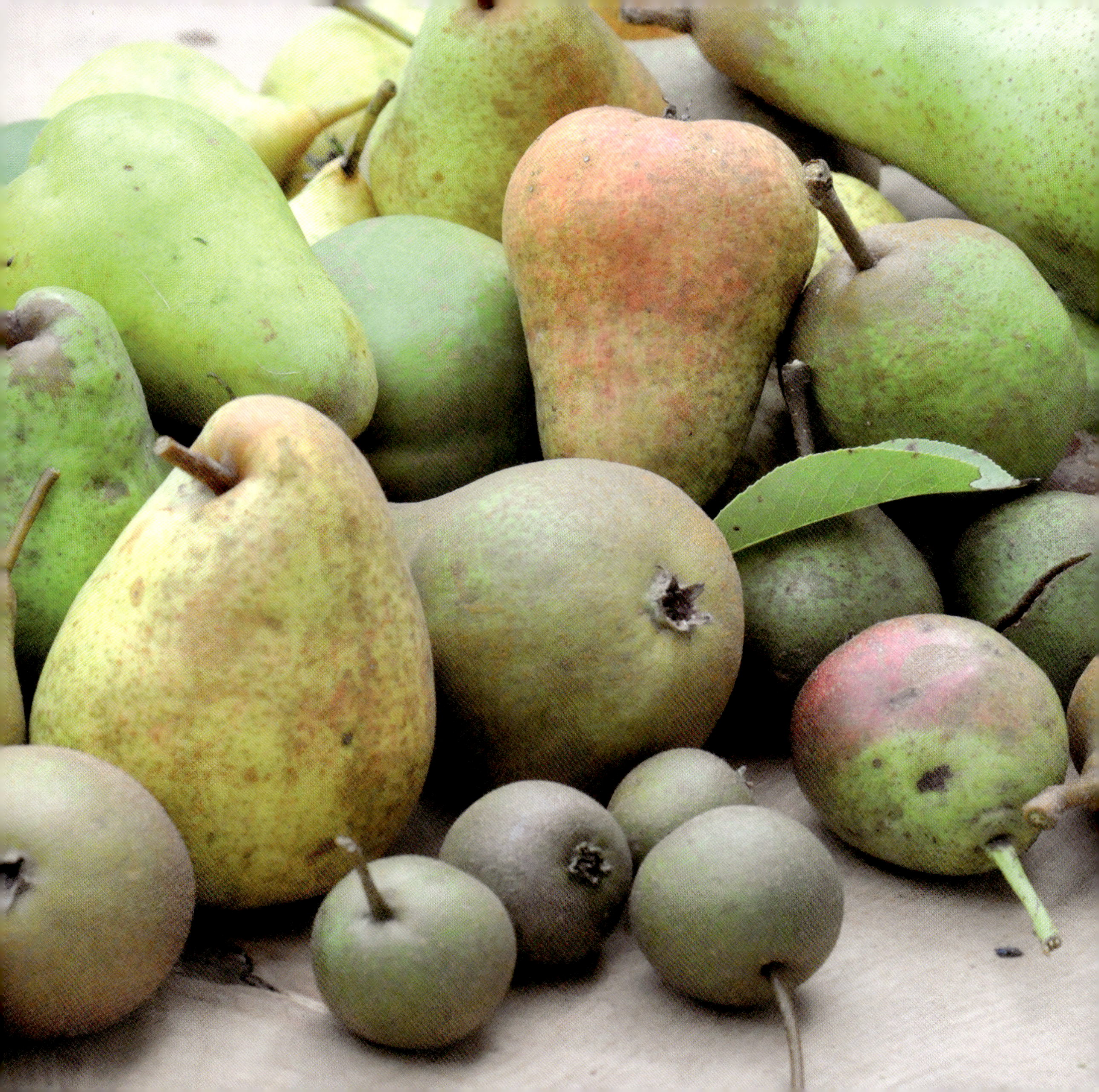

Aperitif gefällig?

Birnencocktail

(ergibt 6 Gläser)

1 Birne, z.B. „Williams Christ"
Puderzucker zum Bestäuben
150 ml Wermut
80 ml Birnenlikör
500 ml Tonic Water
Eiswürfel
Zitronenmelisse zum Dekorieren

Birne in dünne Scheiben hobeln, auf ein mit Backpapier ausgelegtes Blech legen, dünn mit Puderzucker bestäuben und bei 150° im Backofen backen. Nicht zu dunkel werden lassen, bei Bedarf Temperatur reduzieren.
Wermut mit Birnenlikör, Tonic und Eiswürfeln in ein ausreichend großes Gefäß geben, alles gut vermischen und durch ein Sieb in Gläser füllen.
Den Glasrand mit der Birnenscheibe und etwas Zitronenmelisse dekorieren.

Birnenlimonade

3 reife (nicht zu weiche) Birnen, z.B. „Gute Graue"
oder „Abate Fetel"
100 ml Zitronensaft
300 ml Wasser
40 g Zucker
Zitronenmelisse zum Dekorieren
Mineralwasser nach Belieben

Birnen schälen, entkernen und in Stücke schneiden.
Alle Zutaten in einen Standmixer geben und alles zu einer glatten Konsistenz zerkleinern. Abschmecken und eventuell mit Mineralwasser nach Belieben verdünnen. Mit Zitronenmelisse dekorieren und auf Eis servieren.

„Da haben Sie den Salat"…

Birnen in Salaten
und Snacks

Spargelsalat mit Chorizo

250 g grünen Spargel
2 Birnen, z.B. „Packhams Triumph"
150 g Chorizo (Spanische Paprikawurst – ersatzweise pikante Salami)
2 Scheiben Toastbrot
½ Blattsalat, z.B. Lollo Rosso
Saft einer halben Zitrone
4 El Rapsöl
Salz, Pfeffer, Prise Zucker

Spargel putzen und 2 Min. in Salzwasser blanchieren. Birnen waschen und entkernen, in Spalten schneiden. Chorizo in Scheiben schneiden und ohne Fett in einer Pfanne knusprig ausbraten. Aus der Pfanne nehmen, beiseite stellen. Toastbrot in Würfel schneiden und im Wurstfett zu Croutons ausbraten. Salat putzen und in mundgerechte Stücke teilen. Auf dem Salatbett Spargel, Birnenspalten, Chorizo und Croutons anrichten. Aus Zitronensaft, Gewürzen und Öl ein Dressing rühren, abschmecken und über den Salat geben.

Tipp: Bei Dressings immer zuerst die Gewürze mit Essig oder Zitrone etc. verrühren, dann lösen sie sich besser. Das Öl erst zum Schluss zugeben.

Raukesalat mit Birne und Bressaola

200 g Raukesalat (Rucola)
2 Birnen, z.B. „Bürgermeisterbirne"
Saft und Abrieb einer Biozitrone
12 dünne Scheiben Bressaola, Bündner Fleisch oder ein anderes luftgetrocknetes Fleisch
200 g Ziegenfrischkäse
4 El Olivenöl
Salz, Pfeffer aus der Mühle
1 Prise Zucker

Rauke waschen, putzen und in mundgerechte Stücke zupfen. Birnen waschen entkernen in Spalten schneiden und mit etwas Zitronensaft beträufeln. Von dem Ziegenfrischkäse mit einem Teelöffel kleine Nocken abstechen und auf die Bressaolascheiben setzen. Die Scheiben so um den Ziegenkäse festdrücken, dass kleine Körbchen entstehen. Birnenscheiben und Bressaolapäckchen auf dem Raukesalat anrichten. Aus dem restlichen Zitronensaft, dem Abrieb, den Gewürzen und dem Öl eine Marinade rühren und auf dem Salat verteilen.

Tipp: Versuchen Sie aus dem türkischen Lebensmittelladen auch einmal „Pastirma", ein luftgetrocknetes, sehr würziges Fleisch und bitten Sie den Händler, es dünn aufzuschneiden.

Kartoffel-Avocado-Salat

500 g Kartoffeln (festkochend)
400 g Birnen, z. B. „Packhams Triumph" oder „Williams Christ"
1 Avocado
Saft einer halben Zitrone
¼ l Gemüsebrühe (instant)
2 Frühlingszwiebeln
2 El Apfelessig
4 El Rapsöl
Salz, Pfeffer
1-2 Kästchen Kresse

Kartoffeln in Salzwasser garen, leicht abkühlen lassen, noch warm pellen. Birnen waschen, entkernen, in Würfel schneiden, mit Zitronensaft beträufeln. Avocado schälen, in Würfel schneiden und ebenfalls mit Zitronensaft beträufeln. Kartoffeln würfeln. Frühlingszwiebeln putzen, in Ringe schneiden und in einer Schüssel mit heißer Gemüsebrühe übergießen. Apfelessig, Salz, Pfeffer zufügen und alles mit Rapsöl zu einem Dressing aufschlagen. Die Salatbestandteile zusammenmischen und mit reichlich Kresse bestreuen, eventuell ist ein zweites Kästchen vonnöten.

Tipp: Das Übergießen der Zwiebeln mit heißer Gemüsebrühe nimmt den Zwiebeln ein wenig die Schärfe. Wer es lieber scharf mag, verwendet die Frühlingszwiebeln roh.

Chicoreesalat mit Brie

2 Chicoree
2 Birnen, z.B. „Gute Luise"
Saft einer halben Zitrone
250 g Brie
2 El Birnendicksaft
80 g Walnüsse
2 El Feigensenf oder Birnendicksaft (dann 1 El süßen Senf)
2 El Weissweinessig
4 El Olivenöl
Salz, Pfeffer aus der Mühle

Chicoree waschen, halbieren, den festen Kern herausschneiden und in einzelne Blätter zerteilen. Birnen waschen, entkernen, quer in Spalten schneiden und mit Zitronensaft beträufeln. Brie würfeln. 2 El Birnendicksaft in einer Pfanne sirupartig einkochen lassen, Walnüsse darin wenden, bis sie mit Karamell überzogen sind, abkühlen lassen und beiseite stellen.
Aus Feigensenf (oder Birnendicksaft und Senf), Salz, Pfeffer, Essig und Olivenöl ein Dressing rühren. Abschmecken.
Die Chicoreeblätter trocken, schwenken und auf Tellern sternförmig anrichten. Birne und Brie darauf verteilen. Mit Dressing beträufeln und mit den Nüssen bestreuen.

Tipp: Birnendicksaft ist im Reformhaus und in Bioläden zu erhalten und ist ein alternatives Süssungsmittel, ebenso wie Apfeldicksaft.

Birnen-Bohnen-Speck diesmal als Salat

600 g Kartoffeln, festkochend
1 Zweig Bohnenkraut
300 g frische grüne Bohnen
2 reife Birnen, z.B. „Lübecker Sommerbergamotte"
Saft einer halben Zitrone
150 g magerer gekochter Schinken am Stück
100 g saure Sahne
2 El süßen Senf
4 El Essig
4 El Distelöl

Kartoffeln am Vortag in Salzwasser garen, pellen und auskühlen lassen. Danach zuerst in Scheiben, dann in Stifte schneiden. Bohnen putzen, halbieren, in Salzwasser mit Bohnenkraut knackig garen. Birnen, waschen, entkernen und in Stücke schneiden, mit Zitrone beträufeln. Gekochten Schinken in Streifen schneiden. Alle Salatzutaten sollten ungefähr die gleiche Form und Dicke haben, alles vorsichtig miteinander vermischen. Aus saurer Sahne, Senf und den übrigen Zutaten ein Dressing rühren, abschmecken und über den Salat geben.

Tipp: Generell sollten Salatzutaten eine einheitliche Form haben (sofern nicht eine Zutat zu dominant schmeckt und kleiner geschnitten werden muss), da es sich im Mund dann homogener anfühlt und nicht eine Komponente vorschmeckt.

Kartoffel – Radicchio-Salat

600 g Kartoffeln, festkochend
100 g Erbsen (TK)
2 Frühlingszwiebeln
180 g Radicchio
2 Birnen, z.B. „Madame Verté" oder „Abate Fetel"
Saft einer Zitrone
150 ml Gemüsebrühe (instant)
3-4 El Apfelessig
2 El Senf, mittelscharf
Salz, Pfeffer aus der Mühle
6 El Olivenöl
70 g Parmesan, gerieben (ersatzweise Manchego oder Pecorino)

Kartoffeln in Salzwasser garen, kurz auskühlen lassen und noch warm pellen. Erbsen 3-4 Min. in Salzwasser blanchieren, abgießen. Frühlingszwiebeln in Ringe schneiden, Radicchio waschen, putzen mundgerecht zerpflücken. Birnen entkernen und in Spalten schneiden, mit Zitronensaft beträufeln.
Gemüsebrühe aufkochen, in einer großen Schüssel über die Frühlingszwiebeln gießen, Kartoffeln in Scheiben schneiden und untermischen. Essig, Senf, Gewürze und Olivenöl untermischen und alles ca. ½ Std ziehen lassen.
Vor dem Servieren die übrigen Salatzutaten unterheben, abschmecken. Parmesan hobeln und über den Salat geben.

Tipp: Wer Fett sparen will, lässt am Ende den Käse weg.

Linsensalat mit Forelle und Forelle

1 Zwiebel
1 El Öl
200 g braune Linsen
Saft einer Orange
5 El Apfelessig
½ Tl Senf, mittelscharf
Salz, Pfeffer
1 Tl Honig
5 El Öl
1 Bund Lauchzwiebeln
2 Birnen, z.B. „Forelle" oder „Williams Christ"
Saft einer Zitrone
4 Stangen Sellerie
8 geräucherte Forellenfilets

Zwiebel putzen und würfeln und in einem Esslöffel Öl glasig dünsten, Linsen zugeben, mit Wasser angießen und in 30 – 40 Min. gar kochen. Linsen abgießen, auskühlen lassen. Aus Orangensaft, Essig, Senf, Salz, Pfeffer, Zitronensaft und Honig ein Dressing herstellen. Öl unterrühren und über die Linsen geben. Vor dem Servieren Sellerie, Lauchzwiebeln und Birnen putzen, alles in Scheibchen schneiden und unter den Linsensalat mischen. Backofen auf 120 ° heizen, Forellenfilets auf einer Platte oder dem Backblech in 5 – 10 Min. erwärmen. Auf dem Salat anrichten, servieren.

Tipp: Hülsenfrüchte – wie Linsen – ohne Salz vorkochen, da sich mit Salz die Garzeit verlängert. Wer die Garzeit nochmals verkürzen will, nimmt rote Linsen. Sie sind in 10 Min. fertig!

Rote Bete Salat mit Räuchermakrele

4 Rote Bete – gekocht
100 g Rote Zwiebeln
2 Birnen, z.B. „Triumphe de Vienne" oder „Abate Fetel"
Saft einer halben Zitrone
100 g Gewürzgurken
100 g Rauke
4 El Himbeeressig
Salz, Pfeffer
Evtl ½ Tl Honig
4 El Öl
250 g Räuchermakrelenfilet

Gekochte Rote Bete würfeln. Zwiebeln pellen und in feine Streifen schneiden, Birnen waschen, entkernen und vierteln, dann in Scheiben schneiden und mit Zitronensaft beträufeln. Gewürzgurken in Scheibchen schneiden, Rauke verlesen und waschen, trocken schleudern.
Aus Himbeeressig, Salz, Pfeffer und Öl eine Marinade rühren – eventuell mit etwas Honig abschmecken. Aus der Rauke ein Salatbett legen, Rote Bete, Gewürzgurken und Birnen darauf verteilen. Marinade darüber geben, Makrelenfilets in Stücke zupfen und auf dem Salat verteilen. Dazu passt geröstetes Weißbrot.

Tipp: Sollten keine fertig gekochten Rote Bete zu bekommen sein, frische Knollen in Salzwasser in 30 - 40 Min. gar kochen und schälen. Rote Verfärbungen an den Händen lassen sich mit Zitronensaft wieder entfernen, ggf. dünne Einweghandschuhe benutzen.

Simons Feierabendtoast

8 Scheiben Toastbrot
4 Scheiben jungen Gouda
2 El Senf - mittelscharf
4 Scheiben Kochschinken
1 Birne, z.B. „Clapps Liebling"

Jeweils eine der Toastbrotscheiben mit Gouda belegen und mit Senf bestreichen. Kochschinken auflegen und die geputzte, entkernte, in Spalten geschnittene Birne darauf verteilen. Zweite Toastbrotscheibe auflegen und etwas andrücken. Im Kontaktgrill oder Sandwichmaker knusprig ausbacken.

Tipp: Wenn weder Kontaktgrill noch Sandwichmaker vorhanden sind, bäckt man die Toasts in wenig Fett in der Pfanne aus. Dabei gelegentlich mit dem Pfannenwender zusammen drücken.

Pilzcarpaccio mit Birnen und Nussvinaigrette

300 g frische Steinpilze oder Champignons
(oder vergleichbare, roh essbare Pilze)
2 Birnen, z.B. „Birne von Tongern"
2 El Zitronensaft
80 g gemahlene Haselnüsse
2 El Rotweinessig
2 El Cassislikör
4 El Rapsöl
1 El Walnussöl
Salz, Pfeffer aus der Mühle

Pilze gut putzen, blättrig schneiden und flach auf großen Teller verteilen. Birnen putzen, entkernen, in Viertel und dann quer in dünne Scheibchen schneiden, mit Zitronensaft beträufeln und mit den Pilzscheibchen anrichten. Gemahlene Haselnüsse ohne Fett in einer Pfanne bei kleiner Hitze rösten, wenn sie duften, sofort vom Feuer nehmen! Sie verbrennen schnell! Aus Essig, Likör und Ölen ein Dressing rühren und die abgekühlten Nüsse unterheben. Das Dressing abschmecken und über dem Carpaccio verteilen. Wenig salzen und pfeffern.

Tipp: Nussallergiker ersetzen die Nüsse durch fein gehobelte Parmesanspäne.

Ziegenkäsegebäck mit Lavendelhonig

4 Scheiben Blätterteig (TK)
½ Bund Frühlingszwiebeln
1 Knoblauchzehe
200 g Ziegenfrischkäse
2 Birnen, z. B. „Augustbirne"
2 Zweige frischen Thymian
2 Eier
100 ml Milch
2 El Honig
1 El Lavendelblüten
Pfeffer aus der Mühle

Blätterteig leicht ausrollen, zu Quadraten schneiden und Portionsförmchen damit auslegen. Frühlingszwiebel in Ringe schneiden, Knoblauchzehe fein hacken und auf dem Blätterteig verteilen. Darauf die Hälfte des Ziegenkäses legen. Birne putzen, vierteln, entkernen und quer in Stücke schneiden, auf den Käse geben. Thymianblättchen abstreifen und auf die Birnen streuen, mit der zweiten Lage Ziegenkäse bedecken. Eier und Milch verrühren, über die Birnen-Käse-Mischung geben. Lavendelblüten darauf streuen, pfeffern, Honig darüber geben und alles im vorgeheizten Backofen bei 200° in 20 Min. backen. Sollte der Käse zu dunkel werden, Törtchen mit Alufolie abdecken.

Tipp: Frische Kräuter sind in jedem Falle aromatischer. Wer aber über keinen Garten verfügt, ersetzt frischen Thymian durch getrockneten und kauft getrocknete Lavendelblüten in der Apotheke.

Herbstsalat mit Birnen und Maronen

Je 2 El Walnüsse, Cashew- und Kürbiskerne
4 El brauner Zucker
1 Msp gemahlener Koriander
200 g Maronen
1 Schalotte
3 El Weissweinessig
4 El Distelöl
1 El Kürbiskernöl
Salz, Pfeffer aus der Mühle
300 g Blattsalate
2 Birnen, z.B. „Rote Bergamotte"
200 g Champignons (oder vergleichbare, roh essbare Pilze)

Die Nussmischung nur grob hacken und in einer Pfanne ohne Fett bei kleiner Hitze rösten. Zucker und Koriander zugeben und den Zucker karamellisieren lassen. Die Pfanne dabei gleichmäßig bewegen, damit die Nüsse mit dem Karamell überzogen werden. Die Nussmischung auf Backtrennpapier verteilen und auskühlen lassen. Maroni mit einem spitzen Messer kreuzweise einritzen und auf einem Backblech bei 200° ca. 15 Min. backen. Etwas abkühlen lassen und dann pellen und vierteln. Schalotten putzen und fein würfeln. Aus Essig, Gewürzen und Ölen eine Marinade herstellen, abschmecken. Blattsalate putzen und mundgerecht zerzupfen. Birnen waschen, entkernen und in Spalten schneiden. Pilze putzen und blättrig schneiden. Aus den Blattsalaten, den Birnen und Pilzen einen Salat anrichten, mit Marinade begießen und mit den Maronen und der Nussmischung bestreuen.

Tipp: Für einen frischeren „Biss" kann der Marinade der Abrieb einer Biozitrone beigemischt werden.

Birnen-Gorgonzola-Schnitte

120 g Gorgonzola
100 g Frischkäse
4 Scheiben Roggenmischbrot
2 kleine, reife Birnen, z.B. „Lübecker Sommerbergamotte"
Saft einer halben Zitrone
3 El Preiselbeermarmelade

Gorgonzola und Frischkäse miteinander vermischen. Brotscheiben rösten, abkühlen lassen und mit der Käsecreme bestreichen. Birnen putzen, entkernen in Spalten schneiden und mit Zitrone beträufeln. Das Käsebrot damit belegen. Mit einem Klecks Preiselbeermarmelade servieren.

Tipp: Sollte die Käsecreme zu fest oder zu scharf sein, lässt sie sich mit etwas Milch glatter und milder rühren.

Hier kommen die Klassiker – Birnen und ihr häufigster Begleiter: Käse

Gorgonzolacreme mit Rotweinbirne

2 Blatt weiße Gelatine
200 g Gorgonzola
250 g Quark (Halbfettstufe)
2 El gehackte Walnüsse
2 Schalotten
100 ml Portwein
Salz, Pfeffer, eine Pr Zucker
2 Birnen, z.B. „Williams Christbirne"
Saft einer halben Zitrone
50 g gehackte Walnüsse
1 Beet Kresse

Gelatine in kaltem Wasser 5 Min. einweichen. Gorgonzola mit dem Quark vermischen, Walnüsse in einer Pfanne ohne Fett rösten, abkühlen lassen und unter die Käsemasse heben. Gelatine ausdrücken, in heißer Flüssigkeit auflösen. Einen Löffel der Käsemasse zufügen, glattrühren. Dann die Gelatinemischung unter die Käsecreme heben. Kühl stellen bis die Creme fest ist.
Schalotten fein würfeln, Portwein aufkochen, Schalottenwürfel zufügen und beides auf die Hälfte einkochen. Mit Zucker und Salz abschmecken, leicht pfeffern. Birnen putzen, entkernen und in Scheiben schneiden. Mit Zitronensaft beträufeln. Birnen fächerartig auf Teller verteilen, mit Portweinsoße beträufeln. Aus der Gorgonzolacreme Nocken abstechen und auf den Birnen anrichten. Mit Walnüssen bestreuen und mit Kresse verziert servieren.

Tipp: Ganz generell verträgt sich Birne mit Käse – es handelt sich sozusagen um einen Klassiker. Die Birne kann gegen kräftige bis scharfe Käsesorten – siehe Gorgonzola – leicht bestehen, verträgt sich aber auch mit milderen Sorten. Und kommen Nüsse dazu, ist die Kombination perfekt! Wenn Birnen zu wenig Säure haben, lässt sich das mit Zitrone ausgleichen.

Gegrillte Birne mit Ziegenkäsedressing

300 g Blattsalate
70 g Ziegenkäse
Saft und Abrieb einer Biozitrone
Salz, Pfeffer aus der Mühle
5 El Olivenöl
1 El Walnussöl
2 Birnen, z.B. „Abate Fetel"
30 g Parmesan
½ Bund Minze

Salate waschen und in mundgerechte Stücke zupfen. Für das Dressing Ziegenkäse mit Zitrone, Salz und Pfeffer in eine Schüssel geben, die Öle unterschlagen, abschmecken.
Birnen putzen, halbieren und entkernen. Mit der Schnittfläche nach unten in eine heiße Grillpfanne setzen, von beiden Seiten je 3 Min. grillen (weniger reife, noch feste Birnen brauchen etwas länger). Birnen aus der Pfanne nehmen, mit etwas Olivenöl beträufeln, salzen, pfeffern.
Die Blattsalate auf Tellern anrichten, 1/2 Birne dazusetzen, mit Dressing beträufeln, mit gehobeltem Parmesan bestreuen und mit gehackter Minze servieren.

Tipp: Die Minze kann gut durch andere Kräuter, wie Basilikum oder Petersilie ersetzt werden.

Pikante Birnentarte

300 g Mehl
1 Tl Salz
50 g gemahlene Haselnüsse
2 Zweige Thymian (ersatzweise ½ Tl getrockneter Thymian)
200 g Butter
1 Ei
3 Birnen, z. B. „Williams Christ"
2 Frühlingszwiebeln
Saft einer Zitrone
Butter zum Ausfetten
Hülsenfrüchte zum Blindbacken
50 g Creme fraiche
2 Eier
Salz, Pfeffer aus der Mühle
100 g Roquefort (oder anderen Blauschimmel – bzw. Frischkäse)

Mehl mit Salz, Haselnüssen und Thymianblättchen vermischen, zügig Butterflocken und Ei unterarbeiten. Zu einer flachen Kugel formen und in Klarsichtfolie geschlagen 1 Std im Kühlschrank ruhen lassen. Birnen putzen, entkernen in Scheiben schneiden, mit Zitronensaft beträufeln, Frühlingszwiebel putzen und in Ringe schneiden.
Teigkugel auf einer bemehlten Arbeitsfläche gleichmäßig ausrollen, eine gebutterte Pieform damit auskleiden und bei 180° Umluft in 15 Min. blindbacken. Die Creme fraiche mit den Eiern verschlagen und mit Salz und Pfeffer würzen. Birnen fächerförmig auf dem Teigboden verteilen, Frühlingszwiebeln darüber geben und mit der Eiercreme begießen. In 40 Min. bei 180° Umluft backen.
Nach dem Backen den Käse in Flocken auf der Tarte verteilen und sofort servieren.

Tipp: Mit einem frischen Blattsalat wird aus der Tarte eine kleine Mahlzeit.

Ziegenkäsemousse mit Pfefferbirnen

200 g Sahne
100 g Ziegenfrischkäse
1/2 Bund Petersilie
Salz, Pfeffer
4 Blatt weiße Gelatine
200 g Sahne
1 El Butter
1 El Ahornsirup
100 ml Weißwein
1 rote Chilischote
Pfeffer aus der Mühle
2 Birnen, z.B. „Clapps Liebling"
Einige Blätter Radicchio

Sahne mit dem Frischkäse erhitzen und zu einer glatten Creme rühren. Petersilie fein hacken, zur Käsecreme geben, mit Salz und Pfeffer würzen. Gelatine in kaltem Wasser einweichen, ausdrücken und in der warmen Käsecreme auflösen, abkühlen lassen. Sahne steif schlagen, unter die abgekühlte Käsecreme heben. Alles kalt stellen.
Butter und Ahornsirup in einer Pfanne aufschäumen und mit Weißwein abgelöscht einige Minuten sirupartig einkochen lassen. Chilischote putzen, Kerne entfernen, in feine Würfelchen hacken und mit frisch gemahlenem Pfeffer zum Sirup geben. Birnen putzen, halbieren und entkernen. Birnenhälften im Sirup 5 Min. gar ziehen und dann auskühlen lassen.
Birnenhälften auf Teller setzen, von der Ziegenkäsemousse Nocken abstechen und zu den Pfefferbirnen servieren. Mit Radicchio dekorieren. Der restliche Sirup ergibt mit etwas Essig ein süß-pikantes Salatdressing.

Tipp: Birnenhälften lassen sich leichter auf dem Teller platzieren, wenn man von der Unterseite ein Scheibchen abschneidet, um die Rundung abzuflachen.

Speckbirnen mit Fenchel

800 g Gemüsefenchel
Saft einer Zitrone
4 Birnen, z.B. „Bosc`s Flaschenbirne" oder „Kaiserkrone"
Butter für die Form
150 g Speck dünn geschnitten
100 ml Weißwein
Pfeffer aus der Mühle
150 g Gorgonzola (ersatzweise Brie)

Fenchel putzen, Fenchelgrün für die Dekoration beiseite legen. Birnen putzen, entkernen und in Hälften teilen. Beides mit Zitronensaft beträufeln. Die Fenchelstücke in Salzwasser 5 Min. blanchieren, abtropfen lassen. Eine Auflaufform mit Butter einfetten. Birnenhälften mit Speck umwickeln und mit dem blanchierten Fenchel abwechselnd in die Auflaufform setzen. Weißwein angießen, pfeffern, Gorgonzola (oder Brie) in Stücken darüber verteilen und alles bei 200° in 20 Min. überbacken. Zum Servieren das Fenchelgrün hacken und über Fenchel und Birnen streuen.

Tipp: Dazu schmeckt knuspriges Baguette und ein gut gekühlter Weißwein!

Gewürzbirnen mit Reblochon

4 Birnen, z.B. „Hofratsbirne"
40 g Butter
2 Tl Abrieb einer Biozitrone
4 El Birnendicksaft oder herzhaften Honig
4 El Weißwein
½ Tl Pfefferkörner
3 Pimentkörner
½ Tl Koriandersaat
1 getrocknete Chilischote
250 g Reblochon (ersatzweise anderen kräftigen Weichkäse)

Birnen putzen, schälen, entkernen und je zwei Birnenhälften auf einen Bogen Pergamentpapier (30x40 cm) setzen. Butter schmelzen, Zitronenabrieb unterziehen. Birnendicksaft und Weißwein mischen. Die Gewürze in einem Mörser fein zermahlen. Die Birnen würzen und mit der Weißweinmischung und der Zitronenbutter beträufeln. Pergamentpäckchen mit Küchengarn verschließen, auf ein Backblech setzen und im Backofen bei 200° in 20 Min. garen. Birnenhälften noch im Pergamentpäckchen zum Reblochon servieren.

Tipp: Um zu verhindern, dass die Gewürzmischung zu scharf wird, sollte man sich die Mühe machen und die Samen aus der Chilischote entfernen. Die Käsesorte kann nach Geschmack gewählt werden. Es sollte aber schon ein kräftiger Käse sein.

Hausgemachte Ravioli mit Birnen-Käse-Füllung

600 g italienisches Mehl Typ „00"
5 Eier
Salz
100 g Ricotta
100 g geriebenen Parmesan
80 g Blauschimmelkäse
1 Birne, z.B „Clapps Liebling"
1 Eigelb
100 g Butter
1 Bund frischen Salbei

Mehl auf die Arbeitsfläche sieben, eine Mulde eindrücken. Den Mehlrand salzen und die Eier in die Mulde aufschlagen, mit einer Gabel verrühren. Von außen nach innen die Zutaten miteinander vermischen und so lange durchkneten, bis ein seidig glänzender, glatter Teig entstanden ist. Zu einer Kugel formen, vollständig in Folie wickeln und mindestens ½ Std kühl ruhen lassen.
In der Zwischenzeit alle Käsesorten und das Eigelb miteinander vermengen. Nicht salzen, da Parmesan und Blauschimmel ausreichend Würze mitbringen. Birne putzen, schälen, entkernen und in kleine Würfelchen schneiden. Die Würfelchen in wenig Butter andünsten, abkühlen lassen und unter die Käsecreme mischen.

Sollte Saft ausgetreten sein, nur mit untermischen, falls die Käsecreme zu trocken ist, sonst abgießen und später unter die Salbeibutter mischen. Die Füllung darf nicht zu flüssig sein. Alles nochmals abschmecken und gegebenenfalls nachwürzen.
Den Nudelteig portionsweise durch eine Nudelwalze drehen und auf der Arbeitsfläche auslegen. Je einen Teelöffel Füllung im Abstand von gut 2 cm auflegen. Teigränder mit verschlagenem Ei bestreichen, Teigplatte über schlagen oder eine zweite aufsetzen, gut andrücken und mit einem scharfen Messer in Ravioli teilen, diese auf einem bemehlten Teller zwischenlagern.
Ravioli in reichlich siedendem Salzwasser 3-5 Min. ziehen lassen (abhängig davon, wie dünn der Teig ausgerollt ist). Butter aufschäumen, Salbeiblätter zugeben und beides über die servierfertigen Ravioli geben.

Tipp: Wer sich die Mühe machen will, frische Nudeln herzustellen, wird mit besonderem Geschmack belohnt! Dabei ist zu beachten, dass der Nudelteig sehr schnell austrocknet, er muss deshalb zügig verarbeitet werden. Der „wartende" Teil sollte in der Folie oder unter einem mäßig feuchten Küchentuch gelagert werden.
 Wer lieber auf fertigen Nudelteig zurückgreifen will, findet ihn in vielen Supermärkten.
Sollte Füllung übrig bleiben, kocht man eine Portion Spaghetti und vermischt sie noch heiß mit der Käsemasse.

Birne im Schlafrock mit Käsefüllung

4 Birnen, z.B. „Neue Poiteau" oder „Forelle"
2 El Zitronensaft
100 g Blauschimmelkäse
2 Tl Birnengeist
3 El Walnüsse - gehackt
4 Platten Blätterteig (TK)
2 El Semmelbrösel
1 Eigelb
2 El Milch

Birnen putzen, halbieren und die Kerngehäuse mit dem Kugelausstecher etwas großzügiger aushöhlen. Die Hälften mit Zitronensaft beträufeln. Blauschimmelkäse mit dem Birnengeist glatt rühren und in die ausgehöhlten Birnenhälften streichen. Hälften wieder zusammen drücken.
Gehackte Walnüsse auf der Arbeitsfläche ausstreuen und die Blätterteigplatten darüber ausrollen, so dass sich die Kerne in den Teig drücken. Platten mit Semmelbröseln bestreuen, Birnen aufsetzen und Teig um die Birne schlagen, mit verschlagener Eiermilch bestreichen und bei 180° für 20 Min. backen.

Tipp: Semmelbrösel auf dem Teiggrund verhindert, dass ausgetretener Saft den Teigboden durchweicht.

Großer Auftritt: Birnen in Hauptgerichten

Rehfilet mit Lorbeerbirne

4 kleine feste Birnen, z.B. „Madame Verté"
8 Lorbeerblätter
3 El Butter
600 g Rehrückenfilet (ohne Haut und Sehnen)
Salz, Pfeffer
2 Zweige Rosmarin
4 Wacholderbeeren
1 El Butterschmalz
1 Schalotte
1 El Öl
100 ml Portwein
100 ml Rotwein
Salz, Pfeffer, 2 Wacholderbeeren
3 El Butter
2 El Johannisbeergelee

Birnen waschen und an zwei Längsseiten so einschneiden, dass je ein Lorbeerblatt in den Schnitt gesteckt werden kann. Butter zerlassen und die Birnen in eine feuerfeste Form setzen, mit der Butter bestreichen und bei 180° für 10 Min. im Backofen garen. Die gewaschenen und trocken getupften Rehfilets salzen, pfeffern und in Butterschmalz von allen Seiten kräftig anbraten. Wacholderbeeren andrücken und mit dem Rosmarin in die Pfanne geben. Backofentemperatur auf 100° reduzieren und die angebratenen Rehfilets zu den Lorbeerbirnen in den Ofen schieben. Beides für weitere 15 Min. im Backofen garen.
Schalotte schälen, fein würfeln, in etwas Öl leicht angehen lassen. Mit Portwein und Rotwein angießen, salzen, pfeffern und mit den angedrückten Wacholderbeeren bei hoher Hitze auf die Hälfte reduzieren. Kalte Butter unterschlagen, Johannisbeergelee zufügen und alles nochmal abschmecken.
Rehfilet aus dem Ofen nehmen und in Alufolie gewickelt 5 Min. ruhen lassen.
Filets mit Birnen und der Soße anrichten.

Tipp: Dazu passen Bratkartoffeln oder Kroketten. Wer ohne Alkohol kochen will, nimmt roten Traubensaft und Gemüsebrühe.

Rumpsteak mit Kruste

1 Birne, z.B. „Williams Christ"
Saft einer halben Zitrone
2 Schalotten
2 Zweige Thymian
½ Bund Petersilie
2 El Senf – mittelscharf
3 El Semmelbrösel
2 El Olivenöl
4 Steaks (à 200 g)
Salz, Pfeffer
1 El Olivenöl
1 Knoblauchzehe

Birne putzen, schälen, entkernen und in sehr kleine Würfel schneiden, mit Zitronensaft beträufeln. Schalotten fein würfeln, Thymianblättchen abstreifen und alles mit 1 El Senf und Semmelbröseln vermischen. Birnenwürfel unterheben, mit Olivenöl geschmeidig rühren.
Rumpsteak salzen und pfeffern, mit dem restlichen Senf bestreichen und in Olivenöl nur anbraten. Eine angedrückte Koblauchzehe mit in die Pfanne geben.
Steaks aus der Pfanne nehmen, reichlich mit der Birnenmasse bestreichen und unter dem vorgeheizten Grill auf mittlerer Leiste im Ofen je nach gewünschtem Grad fertig garen. Vorsicht beim Grillen, wenn die Kruste zu schnell braun wird, mit Backpapier oder Alufolie abdecken. Dazu schmecken Bratkartoffeln.

Tipp: Steaks zu braten ist eine sehr individuelle Sache, deshalb sind hier nur empfohlene Garzeiten angegeben: ein Steak von 2 cm Dicke wird von beiden Seiten je drei Min.uten gebraten. Dann ist es medium-rare (rosa). Unter dem Grill gart es nochmal nach, wird also eher medium-well (rosa-grau).
In jedem Falle sollte man kurz gebratenes Fleisch nach dem Garen immer einige Minuten abgedeckt ruhen lassen.

Muddern's Birnen, Bohnen und Speck

250 g Grüne Bohnen
250 g Buschbohnen
Salz
200 g Bauchspeck – geräuchert
12 kleine Pellkartoffeln vom Vortag
3-4 Zweige frisches Bohnenkraut
1 El Butterschmalz
500 ml Fleischbrühe
6 kleine, feste Birnen: siehe Seite 59-61, Birnen, Bohnen u. Speck „Birnen, Bohnen und Speck"
Saft einer halben Zitrone
1 Bund frische Petersilie

Beide Bohnensorten putzen, in mundgerechte Stücke teilen und in Salzwasser bissfest garen, abtropfen lassen. Speck in Streifen schneiden. Kartoffeln pellen und halbieren. Speck in einem Topf in wenig Butterschmalz kross ausbraten. Bohnen, Kartoffeln und gezupftes Bohnenkraut dazu geben mit Brühe auffüllen und alles bei schwacher Hitze 10 Min. ziehen lassen. Birnen waschen, vierteln, entkernen und mit Zitronensaft beträufeln. Birnen zum Eintopf geben und weitere 10 Min. köcheln lassen. Wenn die Birnen weich sind, alles nochmal abschmecken und mit gehackter Petersilie bestreut servieren.

Tipp: Wem der Speck zu fett ist, ersetzt ihn durch mageres Kasseler Kotelette.

Fenchel-Birnen-Pizza

20 g Hefe – frisch
1 Tl Zucker
300 g Mehl und Mehl zum Bearbeiten
Salz
6 El Öl (aus dem Glas der getrockneten Tomaten s. u.)
1 Zweig Rosmarin
2 Zweige Thymian
1-2 Fenchelknollen
30 g getrocknete Tomaten in Öl (abgetropft)
1 Birne, z.B. „Williams Christ"
50 g Pinienkerne
80 g Ziegenkäse

Die Hefe mit dem Zucker in 125 ml warmem Wasser auflösen und 10 Min. gehen lassen. Wenn sich Blasen bilden, mit Mehl, Salz und 3 El Öl aus dem Tomatenglas zu einem glatten Teig verkneten. Mit einem Küchentuch abdecken und an einem warmen Ort 1 Std gehen lassen. Rosmarin und Thymian putzen und fein hacken und in dem restlichen Tomatenöl marinieren.
Fenchelknolle putzen und in dünne Scheiben hobeln, Fenchelgrün zum Dekorieren beiseite stellen.
Fenchelscheiben in wenig Öl in einer Pfanne bei niedriger Hitze kurz braten, bis sie bissfest sind. Abgetropfte Tomaten in Streifen schneiden. Birne putzen, entkernen, in dünne Spalten schneiden.
Teig auf bemehlter Arbeitsfläche dünn ausrollen, auf ein mit Backtrennpapier ausgelegtes Backblech heben. Den Teig mit dem Fenchel, den Tomatenstreifen, den Birnen belegen und mit Pinienkernen bestreuen. Gewürzöl darauf verteilen. Pizza bei 220° auf mittlerer Schiene in 15-20 Min. backen. Nach dem Backen den Ziegenfrischkäse in Flocken darauf verteilen. Mit gehacktem Fenchelgrün servieren.

Tipp: Wem die Pizza zu „vegetarisch" ist, kann nach dem Backen zusätzlich zum Ziegenkäse luftgetrocknetes Fleisch oder Schinken in dünnen Scheiben darauf verteilen. Natürlich kann man für eine „schnellere" Lösung auch auf fertigen Pizzateig zurückgreifen.

Lachs-Birnen-Topf

4 Lachssteaks
Salz, Pfeffer aus der Mühle
Abrieb und Saft einer Biozitrone
1 El Butter
2 Schalotten
1 Knoblauchzehe
2 große Birnen, z.B. „Abate Fetel"
½ Tl Fenchelsaat
50 ml Birnengeist
50 ml Balsamico
2 Zweige Petersilie

Lachssteaks waschen, trockentupfen, würzen und mit Zitronenabrieb und –saft beträufeln. Eine Auflaufform mit Butter ausstreichen, Lachssteaks einsetzen. Mit den in Scheiben geschnittenen Schalotten und Knoblauch und den halbierten, entkernten Birnen umlegen. Bei 200° auf der mittleren Schiene des vorgeheizten Backofens für 7 Min. braten. Steaks wenden, alles mit Fenchelsaat bestreuen. Birnengeist und Balsamico vermischen und über die Steaks gießen. Für weitere 7 Min. in den Ofen schieben. Dann an einer Seite eines Steaks überprüfen, ob der Fisch gar, aber noch nicht zu trocken ist.
Serviert wird das Lachssteak mit zwei Birnenhälften und dem Sirup, dazu passen Petersilienkartoffeln.

Tipp: Mit Lachsfilets vermeidet man Gräten, dann sollten aber die Birnen getrennt in dem Balsamicosirup gegart, die Lachsfilets getrennt gebraten und dann mit den Birnen im Sirup vermischt werden, da sie eine kürzere Garzeit haben, als die dickeren Steaks.

Entensülze „Gute Luise"
für 8 Portionen!

1 kg Enteneile
1 l Geflügelbrühe (instant)
2 Lorbeerblätter
4 Wacholderbeeren
2 Schalotten
1 Glas Kalbsfond
1 Bund Suppengrün
1 Birne, z.B. „Gute Luise"
50 ml Estragonessig
5 – 6 Blatt weiße Gelatine
1 El Petersilie – fein gehackt
Salz, Pfeffer aus der Mühle

Enteneile mit zerdrückten Wacholderbeeren und Lorbeerblättern in Geflügelbrühe bei milder Hitze in 1,5 Std weich kochen. Enteneile abgießen, Fond auffangen. Entenfleisch von den Knochen lösen, abkühlen lassen, Haut beiseite legen. Schalotten schälen, in feine Würfelchen schneiden, in wenig Öl anbraten und mit Kalbsfond und aufgefangener Geflügelbrühe ablöschen. Alles in 1- 1,5 Stunden auf etwa 650 ml Flüssigkeit einkochen lassen. Zwischendurch abschäumen, dann alles durch ein Tuch abgießen, Flüssigkeit auffangen. Suppengrün und Birne waschen, putzen und in Würfelchen schneiden, Porree und Birne getrennt halten. Fond mit Essig, Sellerie- und Möhrenwürfeln aufkochen. Entenfleisch in Würfel schneiden und hinzufügen. Zum Schluss Porree und Birnenwürfel zugeben. Brühe abschmecken.
Gelatine in kaltem Wasser einweichen, ausdrücken und in der warmen Brühe auflösen. Alles in eine mit Folie ausgeschlagene Kastenform füllen und erkalten lassen.
Zum Servieren die Sülze aus der Form stürzen, Folie abziehen und die Sülze in Scheiben schneiden.

Tipp: Dazu passen knusprige Bratkartoffeln. Sollte die Sülze nicht gelieren, so muss sie nochmals erwärmt werden und weitere Gelatine zugefügt werden. Die Sülze lässt sich gut vorbereiten.

Pilzpfanne mit Birnen

600 g frische Pilze
4 El Olivenöl
2 Schalotten
2 Knoblauchzehen
2 Tl Kürbiskerne
1 Birne, z.B. „Gellerts Butterbirne" oder „Williams Christ"
12 Scheiben Frühstücksspeck
½ Bund Petersilie

Pilze sorgfältig putzen und blättrig schneiden. Schalotten pellen und würfeln, Knoblauch fein hacken. Birne putzen, entkernen in Spalten schneiden.
In einer weiten Pfanne Öl erhitzen und Schalotten und Pilze anbraten, Knoblauch, Kürbiskerne und Birnenspalten dazu geben. Unterrühren, braten und mit Salz und Pfeffer kräftig abschmecken.
In der Zwischenzeit den Frühstücksspeck auf einem mit Backpapier ausgelegten Backblech bei 220° in 10 Min. kross ausbacken. Die Pilzpfanne mit den Speckchips und reichlich Petersilie servieren – dazu passen gut breite Bandnudeln!

Tipp: Wer Glück und Kenntnis hat und Pilze selber sammeln kann – oder jemanden kennt – nimmt vorzugsweise Steinpilze. Sonst eignet sich auch eine schöne Mischung Herbstpilze.

Lenchens Birnenkohl mit gebratener Entenbrust

1 kleiner Rotkohl
3 El braunen Zucker
1 Zwiebel
4-5 ganze Nelken
1 Lorbeerblatt
1 Tasse Apfelmus
2 Birnen, z.B. "Gräfin von Paris"
4 kleine Entenbrüste
Salz, Pfeffer
3 El Birnendicksaft

Rotkohl vierteln, äußere Blätter entfernen, harten Mittelstrunk entfernen. Die Kohlviertel quer in dünne Streifen schneiden. In einem weiten Topf Zucker karamellisieren und Kohl zufügen. Eine Zwiebel mit Lorbeerblatt und Nelken spicken, zum Kohl geben. Alles 20 Min. bei kleiner Hitze köcheln lassen. Apfelmus unterrühren, salzen, pfeffern und weitere 15 Min. köcheln lassen. Birnen putzen, entkernen, schälen, in Würfel schneiden und zum Kohl geben.
Entenbrüste waschen, trocken tupfen und mit der Hautseite nach unten in einer Pfanne bei mittlerer Hitze in 20 Min. langsam knusprig ausbraten. Brüste salzen, pfeffern und dann erst wenden, mit Dicksaft bestreichen und im auf 80° vorgeheizten Backofen nochmal 10 Min. ziehen lassen.
Brüste aufschneiden und mit Birnenkohl servieren.

Tipp: Dazu passt ein Püree, zu Hälfte jeweils aus Kartoffeln und Sellerie, angemacht mit Milch und einem Stich Butter.

Mariniertes Schweinskotelette mit Birne süß-sauer

2 El Ahornsirup
5 El Olivenöl
1 Tl Paprika – edelsüß
1 Tl zerstoßene Pfefferkörner (weiß und schwarz)
1 Tl gehackter frischer Rosmarin
2 El Rapsöl
4 Schweinekoteletts
4 Birnen, z.B. „Späte Muskateller"
1 El Essig (Balsamico)
1 El brauner Zucker
Salz

Ahornsirup und Olivenöl mit Paprika vermischen. Koteletts würzen und mit dem Paprikaöl bestreichen, Rosmarin zugeben. Alles abgedeckt ca. 4 Std marinieren lassen.
Birnen, putzen, halbieren und mit einem Kugelausstecher das Kerngehäuse entfernen. Birnen in eine Auflaufform legen. Essig, braunen Zucker und 2 El Wasser verrühren und über die Birnen geben. Mit Alufolie abdecken und im Backofen bei 180° in ca. 15 – 20 Min. garen.
Schweinekoteletts aus der Marinade nehmen und in einer Pfanne von beiden Seiten braten. Eventuell nochmals salzen. Mit jeweils zwei Birnenhälften servieren.

Tipp: Schweinefleisch hat in Äpfeln und Birnen jeweils einen idealen Partner. Dieses Rezept funktioniert zusätzlich auch mit Backpflaumen.

Ankes Birnen in Teig

80 g Butter
2 Eigelb
125 g Zucker
500 g Mehl
1 Pk Backpulver
¼ l Milch
1 kg Birnen, „Williams Christ"
300 g Schinkenspeck

Butter mit Eigelb und Zucker schaumig aufschlagen. Mehl und Backpulver vermischen und zu der Buttercreme geben. Milch unterrühren und das steif geschlagene Eiweiß unterziehen. Birnen waschen, schälen, entkernen und in Scheiben schneiden. In wenig Wasser kurz dünsten.
Eine Auflaufform mit Schinkenspeck auslegen, die Hälfte des Teiges darauf verteilen, die Hälfte der Birnenscheiben auf den Teig legen. Vorgang wiederholen, mit Speckstreifen abschließen. Den Auflauf bei 180° auf der mittleren Schiene des Backofens in 90 Min. backen.

Tipp: Wie bei manchen schleswig – holsteinischen Gerichten, werden die Komponenten süß/fruchtig und salzig mutig gemischt. Dazu isst man Birnenkompott oder – man höre und staune: Vanillesoße!

„Zwillinge" mit Füllung und Salat

8 Kartoffeln, festkochend
Salz
1 Tl Kümmel
8 Birnen, z.B. „Gellerts Butterbirne"
50 g Pecorino, gerieben
100 g Gruyère oder Raclette Käse, gerieben
100 g Ricotta
Salz, Pfeffer, Cayennepfeffer oder Chilipulver
8 Scheiben Frühstücksspeck
200 g gemischte Blattsalate
Salz, Pfeffer
Saft und Abrieb einer Biozitrone
1 Tl Honig
5 El Olivenöl

Kartoffeln in Salzwasser mit Kümmel garen. Etwas auskühlen lassen und pellen. Wenn die Kartoffeln ganz ausgekühlt sind (am besten vom Vortag), halbieren und mit einem Kugelausstecher so aushöhlen, dass rundherum ½ cm Rand bleibt. Birnen putzen und halbieren. Kerngehäuse großzügig mit dem Kugelausstecher aushöhlen. Sowohl bei Birnen als auch Kartoffeln an den Rundungen ein Scheibchen abschneiden, damit sie nicht rollen. Ausgehöhlte Kartoffelmasse in einer Schüssel mit allen Käsesorten vermischen, würzen und abschmecken und die entstandene Paste in die Kartoffelhöhlung füllen, Birnenhälfte auflegen und beides mit Speck umwickeln und mit einem Zahnstocher feststecken. Die „Zwillinge" in einer Pfanne gleichmäßig von allen Seiten braten, dann in eine Auflaufform setzen und im Backofen bei 150 Grad 20 Min. garen lassen.

Aus Salz, Pfeffer, Honig, Saft und Abrieb der Zitrone eine Marinade rühren, das Öl unterschlagen, abschmecken. Die Blattsalate waschen, verlesen und in mundgerechte Stücke zupfen, mit der Marinade vermischen.

Tipp: Bis zum Arbeitsschritt „anbraten" kann man die Kartoffeln gut vorbereiten und kalt stellen. Sie werden dann nach Ankunft der Gäste angebraten und im Ofen gegart. Idealerweise sollten Birnen und Kartoffeln etwa die gleiche Größe haben.

Na, du Süße?!
Birnen als Dessert und im Kuchen

Birnen-Nektarinen Salat mit Vanille

4 Birnen, z. B. „Gute Graue"
4 reife Nektarinen
Saft und Abrieb von 2 Bio-Limonen (oder Zitronen)
1 El Zucker
1 Vanilleschote
100 g Blaubeeren

Birnen putzen, entkernen, schälen und in Würfel schneiden. Die Nektarinen waschen, entkernen, ebenfalls in Würfel schneiden. Mit der Hälfte des Limonensafts beträufeln. Vanilleschote längs halbieren, auf eine feste Unterlage legen, das feste Ende festhalten und mit dem Messerrücken das Vanillemark heraus schaben. Mit dem Zucker und dem restlichen Zitronensaft zu einer Marinade rühren, über den Salat geben. Blaubeeren waschen, verlesen und zufügen.

Tipp: Dazu schmeckt griechischer Joghurt. Die Nektarinen können durch Pfirsiche ersetzt werden. Dazu die Pfirsiche kreuzweise einritzen, mit kochendem Wasser überbrühen, danach abschrecken und pellen. Wen die Haut nicht stört, kann sich diese Arbeitsschritte sparen.

Arme Ritter mit Birnenspalten

2 Birnen, z.B. „Pastorenbirne"
2 El Birnendicksaft
Abrieb und Saft einer Biozitrone
50 ml Wasser
4 Scheiben Brioche (alternativ Milchbrötchen) vom Vortag
2 Eier
100 ml Milch
20 g Butter
2 El Rapsöl
50 g Zucker
1 Tl Zimtpulver

Birnen putzen, entkernen, in Spalten schneiden, mit Zitronensaft beträufeln. Aus Wasser, Birnendicksaft, Zitronensaft und – abrieb einen Sirup kochen, die Birnenspalten zugeben, einmal aufkochen und im Sirup abkühlen lassen.
Den Brioche in nicht zu dünne Scheiben schneiden, in verquirlter Eiermilch wenden. Butter und Öl in einer Pfanne erhitzen und die Brotscheiben, im Fett portionsweise ausbacken. Auf Küchenkrepp legen, um das Fett aufzusaugen.
Zimt und Zucker vermischen, die Armen Ritter darin wenden und mit den Birnenspalten und dem Sirup servieren.

Tipp: Versuchen Sie dazu gut gekühlten Vanillejoghurt!

Pistazieneis und Birnen mit Pfeffer

1 Vanilleschote
125 ml Milch
65 g Pistazien
400 ml süße konzentrierte Kondensmilch
200 g Creme fraiche
2 Birnen, z.B. „Williams Christ"
½ Vanilleschote
125 ml Brandy
1 Tl grob gemahlenen Pfeffer
152 g Puderzucker

Vanilleschote längs aufschneiden und das Mark auskratzen, Mark und Schote mit 125 ml Milch in einen Topf geben und erhitzen, nicht kochen! Topf vom Feuer ziehen, Vanillemilch 15 Min. ziehen lassen, dann durch ein feines Sieb seihen. Pistazien fein mahlen, mit der Kondensmilch, der Creme fraiche und der Vanillemilch verrühren. In Portionsförmchen füllen, über Nacht tiefgefrieren. Vor dem Servieren 10 Min. bei Zimmertemperatur antauen lassen.
Birnen, putzen, entkernen und vierteln. Vanilleschote einritzen, Mark auskratzen. Brandy mit Vanille und den übrigen Zutaten aufkochen und bei starker Hitze zu Zuckersirup einkochen. Abkühlen lassen, Birnenviertel im Sirup für 30 Min. marinieren lassen. Mit dem Pistazieneis servieren.

Tipp: Das Pistazieneis kann mit einem Tl grob gemahlenem Pfeffer in der Milch ebenfalls einen besonderen „Kick" erhalten, dann sollte allerdings ein anderes Kompott gewählt werden.

Birne „Belle Hélène"

2 Birnen, z.B. „Williams Christ"
100 ml Wasser
2 El Honig
Saft und Abrieb einer Zitrone
50 g Bitterschokolade
50 ml Sahne
1 Pkt Vanillezucker
1 Pkt Vanilleeis

Birnen schälen, halbieren und entkernen. Mit Zitronensaft beträufeln. Aus Wasser, Honig und Zitrone einen Sirup kochen, die Birnenhälften darin nicht zu weich kochen. Im Sirup abkühlen lassen.
Schokolade in Stücke brechen und in der Sahne bei mittlerer Hitze schmelzen. Mit Vanillezucker würzen.
Birnenhälften anrichten, mit Schokoladensauce überziehen und mit Vanilleeis servieren.

Tipp: Die Schokoladensauce kann alternativ mit anderen Gewürzen wie Chili oder Kardamom raffiniert abgewandelt werden.

Schnelles Birnensorbet mit Limette und Melisse

6 reife, aromatische Birnen, z.B. „Williams Christ" oder „Gute Graue"
100 ml Wasser
50 g Zucker
Abrieb und Saft einer Bio-Limette
1 Zweig Zitronenmelisse

Birnen schälen, entkernen und in Stücke schneiden. Die Birnenstücke in einem Plastikbeutel über Nacht tiefgefrieren.
Aus Wasser, Zucker und Limette einen aromatisierten Läuterzucker herstellen. Abkühlen lassen. Melissenblätter fein hacken. Gefrorene Birnen und Sirup in einen Standmixer geben und zu einem Sorbet mixen, Melissenblättchen unterziehen. In eine flache Schale geben und bis zum Servieren wieder tiefkühlen.

Tipp: Das Sorbet lässt sich gut vorbereiten und bis zum Servieren im Gefrierfach aufbewahren. Eine halbe Stunde vor dem Servieren aus der Kühlung nehmen und mit einer Gabel auflockern. Soll es statt Sorbet eine Eiscreme werden, nur die Hälfte des Sirups verwenden und einen Becher fetten Joghurt oder Creme double untermixen.

Birnengratin mit Marzipanschaum

5 Birnen, z.B. „Conference"
30 g getrocknete Cranberries
Saft einer halben Zitrone
50 g Amarettini
50 g Cantuccini
2 Eier
1 El Zucker
80 g Marzipanrohmasse
30 g Mandelstifte

Birnen schälen, entkernen und in Spalten schneiden, mit den Cranberries vermischen und mit Zitronensaft beträufeln. Amarettini und Cantuccini in eine flache Auflaufform bröseln (nicht zu fein). Birnen darauf verteilen. Eigelb, Zucker und Marzipanrohmasse mit dem Handrührer zu einer cremigen Masse aufschlagen. Eiweiß steif schlagen und unter die Eigelbcreme heben. Marzipanschaum auf die Birnen geben, mit Mandelstiften bestreuen. Bei 175° in ca. 15 Min. auf der mittleren Schiene des Backofens goldgelb backen. Noch warm servieren.

Tipp: Wenn keine Kinder mit essen, kann man die Keksbrösel mit 2 El Mandellikör(Amaretto) tränken. Für dieses Gratin eignen sich auch andere Früchte, wie z.B. Pfirsiche oder Pflaumen

Birnen-Frischkäse-Törtchen

75 g Löffelbisquits
30 g Butter
10 g Kakaopulver
2 Birnen, z.B. „Triumphe de Vienne"
2 El Zitronensaft
1 El Puderzucker
100 g weiße Schokolade
40 g Creme fraiche
50 g Frischkäse
Saft und Abrieb einer Bio-Limette
50 g Puderzucker
2 El Honig
2 El Zitronensaft
1 Zweig Zitronenmelisse

Löffelbisquits mit geschmolzener Butter und Kakaopulver vermischen, portionsweise in Servierringe drücken und im Kühlschrank auskühlen lassen.
Birnen schälen, entkernen und in kleine Würfelchen schneiden. In Zitronensaft und Zucker weich kochen, auskühlen lassen.
Schokolade im Wasserbad schmelzen. Creme fraiche, Frischkäse, Limettensaft und – abrieb miteinander verrühren, Puderzucker und Birnenwürfel zufügen und die geschmolzene Schokolade unterziehen. Die entstandene Creme auf die Keksböden in die Ringe füllen und mindestens 4 Stunden kalt stellen.
Aus Honig, Zitronensaft und gehackter Zitronenmelisse ein Dressing rühren, Törtchen aus den Servierringen lösen und mit dem Dressing beträufelt servieren.

Milchreis-Birnen-Auflauf

250 g Milchreis
1 ½ l Milch
30 g Zucker
1 Vanilleschote
1 Prise Salz
2 Birnen, z.B. „Stuttgarter Geisshirtle"
Saft einer halben Zitrone
Abrieb einer Bio-Zitrone
2 Eier

Milchreis mit der Milch und dem Zucker in einen weiten Topf geben, Vanilleschote aufschlitzen und mit einer Prise Salz zur Milch geben. Zum Kochen bringen und den Milchreis unter gelegentlichem Umrühren bei schwacher Hitze etwa 40 Min. ausquellen lassen.
Birnen schälen, entkernen und in kleine Würfel schneiden, mit etwas Zitronensaft beträufeln. 10 Min. vor Ende der Garzeit Birnenwürfel unter den Milchreis rühren und mit garen lassen.
Eier trennen, Eigelb unter den leicht abgekühlten Milchreis rühren, Zitronenabrieb unterheben. Eiweiß steif schlagen und gleichmäßig unter den Milchreis ziehen. Alles in eine flache Auflaufform füllen und bei 160°.in ca. 20 bis 30 Min. goldgelb backen.

Tipp: Der Milchreis schmeckt sowohl warm – im Winter – als auch kalt – im Sommer. Wenn er vollständig ausgekühlt ist, wird er fest, dann lässt er sich in Scheiben schneiden und mit Fruchtpüree servieren.

Gegrillte Birne mit griechischem Joghurt

2 Birnen, z.B. „Clapps Liebling"
100 ml Wasser
50 g Zucker
350 g griechischer / türkischer Joghurt (10%)
50 g Walnüsse
3 El Birnendicksaft

Birnen putzen, halbieren und entkernen. Wasser und Zucker miteinander aufkochen, die Schnittflächen der Birnen damit bestreichen. Die Birnenhälften mit der Schnittfläche nach unten auf den Grill legen und bei nicht zu großer Hitze grillen. Wenden und von der anderen Seite ebenfalls 10 Min. grillen. Birnenhälften auf einem Teller anrichten, Joghurt in die Aushöhlung füllen, mit gehackten Walnüssen oder Pistazien bestreuen und etwas Birnendicksaft beträufeln.

Tipp: Am Ende eines Grillabends ist ein fruchtiges Dessert, das auf der Resthitze des Grills entsteht, willkommen. Dazu eignen sich auch andere – relativ feste – Früchte, wie Pfirsiche oder Nektarinen oder auch Bananen in der Schale.

Gertrauds Birnentraum Torte

250 g Mehl
1 Tl Backpulver
150 g Zucker
1 Pkt Vanillezucker
1 Prise Salz
200 g Butter
4 Eier
3 El Milch
200 g Walnüsse
200 g dunkle Schokolade
8 Birnen, z.B. „Gute Luise"
2 El Puderzucker

Die trockenen Teigzutaten in einer ausreichend großen Rührschüssel miteinander vermischen. Butter, Eier und Milch nach und nach unterrühren und mit dem Handrührer zu einem gleichmäßigen Teig verarbeiten. Walnüsse und Schokolade grob hacken und unter den Teig heben. Eine Springform (26/28 cm Durchmesser) einfetten und den Teig gleichmäßig einfüllen. Birnen schälen, halbieren entkernen und mit der Schnittfläche nach unten dicht an dicht auf den Teig setzen.
Auf der mittleren Schiene des Backofens in 70 Min. bei 175° backen. Sollte der Kuchen nach der angegebenen Zeit noch nicht gar sein, weitere 10 Min. backen. Den fertigen Kuchen mit Puderzucker bestreuen.

Tipp: Alle Teigzutaten sollten Zimmertemperatur haben, so vermischen sie sich besser.

Kleine Ofenschlupfer

2 Birnen, z.B. „Gute Luise"
3 El Zucker
3 (Milch-)Brötchen vom Vortag
3/8 l Milch
Abrieb einer Bio-Zitrone
1 Prise Zimtpulver
1 Prise Kardamompulver
2 El Rosinen
1 Ei
Fett für die Förmchen
Puderzucker zum Bestreuen

Birnen schälen, entkernen und in Spalten schneiden. Birnenspalten mit etwas Wasser und dem Zucker einige Minuten dünsten. Die Brötchen in Scheiben schneiden, die Hälfte der Milch mit der Zitronenschale und den Gewürzen vermischen und über die Brötchen geben, alles 10 Min. einweichen. Brötchenscheiben und Birnenspalten abwechselnd in gefettete kleine Auflaufförmchen schichten und die Rosinen darüber streuen. Das Ei mit der restlichen Milch verquirlen und über die Auflaufzutaten gießen. Auf der mittleren Schiene des Backofens bei 170° in ca. 30 Min. hellbraun backen. Aus den Förmchen stürzen und mit Puderzucker bestreuen.

Tipp: Dazu schmeckt kühle Vanillesoße. Verdoppeln sie die Zutaten, wird ein großer Auflauf daraus.

Birnen – Bananen-Strudel

4 Birnen, z.B. „Gellert's Butterbirne"
Saft und Abrieb von je einer Bio-Zitrone und einer Bio-Orange
80 g Zucker
80 g getrocknete Cranberries
3 Bananen
1 Packung Strudelteig
30 g Butter
1 Tl Zimtpulver
60 g gehackte Mandeln
2 El Paniermehl
1 Ei
2 El Milch
2 El Puderzucker

Birnen schälen, entkernen und in Würfel schneiden. Aus dem Zitronensaft, dem Orangensaft, dem Abrieb und dem Zucker eine Marinade rühren und über die Birnenwürfel gießen. Cranberries zugeben. Bananen schälen und würfeln, unter die Birnenfüllung mischen.
Strudelteig auf einem sauberen, bemehlten Küchentuch auslegen. Butter zerlassen, den Strudelteig damit bestreichen, mit Zimt, Mandeln und Paniermehl gleichmäßig bestreuen. Füllung auf der Hälfte der Fläche verteilen und den Strudel von der breiten Seite her mithilfe des Tuches aufrollen. Die offenen Seiten unterschlagen. Den Strudel vom Küchentuch auf ein gefettetes Backblech gleiten lassen. Ei mit Milch verquirlen und den Strudel damit bestreichen.
Auf der mittleren Schiene des Backofens bei 180° in ca. 40 Min. goldgelb backen. Den fertigen Strudel mit Puderzucker bestäuben und noch warm servieren.

Tipp: Sollte kein fertiger Strudelteig zu bekommen sein, kann er durch tiefgekühlten Blätterteig ersetzt werden. Oder Sie finden das Rezept für einen selbstgemachten Strudelteig in „Das Apfelbuch Schleswig-Holstein"
Wenn keine Kinder mit essen, kann man die Cranberries vor Verwendung in Birnengeist marinieren.

Birnen-Schoko-Kuchen

100 g Bitterschokolade
75 g Butter
6 kleine Birnen, z.B. „ Graf Moltke"
100 ml Weißwein
2 El Honig
3 Eier
75 g Zucker
150 g Marzipanrohmasse
100 g Mehl
1 Tl Backpulver
Butter zum Einfetten
Puderzucker zum Bestäuben

Schokolade in Stücke brechen und mit der Butter im Wasserbad schmelzen. Birnen schälen, halbieren, entkernen und in Weißwein und Honig knapp gar pochieren.
Aus Eiern und Zucker eine weiße Creme aufschlagen. Gewürfeltes Marzipan unterrühren. Butter – Schokoladen – Mischung unterheben. Mehl mit Backpulver vermischen und unter die Eier-Zuckermischung heben. In eine gefettete Springform füllen. Die Birnen mit der Schnittfläche nach unten in den Teig setzen. Kuchen auf der mittleren Schiene des Backofens in ca. 30 – 40 Min. bei 180°Backen. Mit Puderzucker bestäuben.

Tipp: Dazu passt kühle, halb steif geschlagene Sahne.

Padelügger Birnbrot
(ergibt 2 Brote)

1 kg Mehl
20 g Hefe
50 g Butter
1 El Zucker
¾ l Wasser
1,5 kg getrocknete Birnen, z.B. „Rousseletten" oder" Winterbergamotte"
300 g Walnüsse
80 g Orangeat
500 g Rosinen
250 g Datteln oder getrocknete Feigen
Abrieb einer Bio-Zitrone
Abrieb einer Bio-Orange
1 El Zimtpulver
½ Tl Nelkenpulver
½ Tl Muskatblüten
50 ml Birnengeist oder Kirschwasser
1 Ei

Mehl in eine ausreichend große Schüssel sieben, eine Mulde in die Mitte drücken. Wasser, Butter, Zucker und Hefe zusammen leicht erwärmen und in die Mulde gießen. Mit den Knethaken des Handrührgerätes einen geschmeidigen Hefeteig rühren. Der Teig sollte nicht zu flüssig und nicht zu trocken sein, sondern sich gut vom Schüsselrand lösen. Teig zu einer Kugel formen und abgedeckt an einem warmen Ort 45 Min. gehen lassen.
Für die Füllung Birnen über Nacht einweichen, anschließend zu einem Mus zerkochen, evtl. pürieren. Die Trockenfrüchte und die Nüsse fein hacken, mit dem Birnenbrei vermischen und alle Gewürze zugeben.
Hefeteig in zwei Portionen auf einer bemehlten Fläche rechteckig ausrollen, Füllung gleichmäßig darauf verteilen und von der Seite her aufrollen. Enden einschlagen. Brote nochmal 15 Min. gehen lassen. Die Brote mit verquirltem Ei bestreichen und im vorgeheizten Backofen bei 150° bis 180° etwa eine Stunde backen.

Tipp: In Klarsichtfolie verpackt, mit einem hübschen Band versehen, ist ein Birnbrot ein schönes Mitbringsel.

Gestürzte Birnen-Tarte

1 Pkt Blätterteig (TK)
50 g braunen Zucker
30 g Zucker
80 g Walnüsse
80 g Marzipanrohmasse
3 Birnen, z.B. „Gute Luise"

Blätterteig ausrollen und auf die Größe einer Tarte-oder Pieform ausschneiden. Form mit Butter ausstreichen, Zucker dick auf die Butter streuen, Walnüsse darüber verteilen. Birnen schälen, entkernen und in Spalten schneiden. Birnenspalten strahlenförmig in der Tarteform auslegen, mit der Küchenreibe Marzipan darüber reiben. Blätterteig auf die Birnenspalten legen und an den Rändern nach unten drücken, so dass nach dem Stürzen ein Rand sichtbar ist. Tarte bei 180° in 30 Min. goldgelb backen. Zum Servieren die Tarte auf eine Tortenplatte stürzen und noch warm servieren.

Tipp: Diese Tarte ist ein klassisches französisches Rezept, das normalerweise mit Äpfeln zubereitet wird, dann heißt es „Tarte Tatin". Mit Birnen – oder Aprikosen - ist es ebenso gut, versuchen Sie dazu eine Kugel Vanilleeis.

Auch das noch: Birne haltbar – Kompotte, Chutneys und Marmeladen

Karamellbirnen

(für etwa 6 mittelgroße twist-off Gläser)

150 g Zucker
¼ l Wasser
3 Gewürznelken
2 Sternanis
6-8 kleine Birnen, z.B. „Herbstbergamotte"
1 Flasche Apfelsaft (0,7 l)

Zucker in einem Topf bei kleiner Hitze schmelzen lassen und dabei darauf achten, dass der Karamell zwar braun wird, aber nicht verbrennt! Topf vom Herd ziehen, mit Wasser ablöschen - Vorsicht , kann spritzen! Gut rühren, Nelke und Sternanis zufügen und Karamell bei kleiner Hitze loskochen. Karamell mit Apfelsaft auffüllen und alles gut durchkochen lassen.
Birnen Schälen, entkernen und in Spalten schneiden. Spalten dicht in die gut gereinigten Gläser schichten, mit dem Sud aufgießen. Fest verschließen und im Wecktopf bei 90° in 50 Min. sterilisieren.

Tipp: Lässt man die Birnen ganz, sticht man mit einem Ausstecher das Kerngehäuse von unten aus. Zum Einwecken braucht man dann größere Weckgläser. Im Ergebnis hat man aber eine dekorative Servierform.

Gewürzbirnen

(für etwa 6 mittelgroße Gläser)

750 ml Weißwein
2 Lorbeerblätter
1 El schwarze Pfefferkörner
2 Nelken
1 Sternanis
80 g Zucker
Saft und Abrieb einer Bio-Zitrone
6-8 kleine Birnen, z.B „Bergamotten"

Wein mit Gewürzen und Zucker 10 Min. kochen lassen. Zitronensaft und Abrieb zufügen. Birnen waschen, schälen und mit einem Ausstecher das Kerngehäuse entfernen. Dabei darauf achten, dass die Birnen ganz bleiben. Birnen in die Gläser schichten, mit dem Sud begießen und im Wecktopf bei 90° in etwa 45 Min. sterilisieren.

Tipp: Die Gewürzbirnen passen gut zu Wildgerichten oder auch zu Käse.

Birnen in Senfsud

500 g Zucker
100 ml Apfelessig
200 ml Weisswein
3 Tl Senfsaat
1 Tl Pfefferkörner
1 getrocknete Cilischote (ohne Samen)
1 Lorbeerblatt
6 Birnen, z.B. „Bergamotten"
2 Tl Senfpulver

Aus Zucker, Weißwein und Essig einen Sud kochen. Pfefferkörner und Chilischote mörsern, dann die Chilisamen entfernen und alle Gewürze zum Sud geben, 10 Min. köcheln lassen.
Birnen schälen, entkernen, in gleichmäßige Würfel schneiden und zum Senfsud geben. Bei kleiner Hitze 5-8 Min. ziehen lassen. Abgießen und den Sirup auffangen. Früchte in ein Schraubglas mit ca. 700 ml Inhalt geben, Senfsud nochmals aufkochen, etwas reduzieren und 2 Tl Senfpulver einrühren. Dann nicht mehr kochen lassen und den Sud über die Birnen geben. Glas fest verschließen.

Tipp: Das Senfpulver kann durch 4 El mittelscharfen Senf ersetzt werden. Die Senfbirnen schmecken sehr gut zu kaltem Aufschnitt oder Braten und zu Käse.

Birnenchutney
(für etwa 4 Marmeladengläser)

5 Birnen, z.B. „Gellert`s Butterbirne"
2 El Öl
1 Schalotte
1 frische rote Chilischote
20 g frischer Ingwer
2 Sternanis
1 Saft und Abrieb einer Bio-Limette
80 ml Orangensaft
50 ml Apfelessig
100 g Gelierzucker 1:2

Birnen schälen, entkernen und in Stücke schneiden, Schalotte pellen, fein würfeln, beides in Öl glasig anbraten. Geschälten, gehackten Ingwer und fein geschnittene Chilischote hinzufügen. Mit Orangen- und Limettensaft ablöschen. Essig, Sternanis und Limettenschale dazu geben. Alles auf kleiner Hitze köcheln lassen, Zucker hinzufügen, weitere 5 Min. köcheln lassen, bis ein cremiges Chutney entstanden ist. Das Chutney in gut gereinigte Marmeladengläser füllen, 5 Min. auf den Deckel stellen und auskühlen lassen.

Tipp: Probieren Sie das Chutney als Grillsauce, zu Fleischpasteten oder zu Käse.

Butterbirnen „Butter"

400 g Birnen, z.B." Gellert`s Butterbirne „ oder
„ Williams Christ"
Saft einer Orange
80 ml Cidre
1 El Honig
1 Vanilleschote
2 Nelken
½ Tl Zimtpulver
1 Prise Muskat
1 Tl Abrieb einer Zitronenschale
80 g Butter

Birnen putzen, schälen, entkernen und in Würfel schneiden. Mit allen übrigen Zutaten zum Kochen bringen und auf kleiner Hitze ca. 20 Min. dicklich einkochen. Die Butter darin auflösen, dabei häufig rühren und Wasser nur hinzufügen, um ein Ansetzen zu verhindern. Wenn die Masse dick ist, durch ein Sieb streichen und in Schraubgläsern im Kühlschrank aufbewahren. (ca. 2 Wochen)

Tipp: Der Aufstrich eignet sich „solo" auf süßem Hefeteig. Oder als „ Butterersatz" unter Käse, Kochschinken oder kalten Braten.

Birnenkonfitüre mit Korinthen und Kardamom

(für etwa 5 Gläser)

1 kg Birnen, z.B. „Williams Christ" (Nettogewicht)
Saft und Abrieb einer Bio-Zitrone
30 g Korinthen
1 Prise Kardamom
1 Pkt Gelierzucker 1:2

Birnen schälen, entkernen, in Würfel schneiden und mit Zitronensaft in einen Topf geben. Korinthen waschen, gut abtropfen lassen und mit dem Gelierzucker und Kardamom zu den Früchten geben. Zum Kochen bringen und unter Rühren einige Minuten sprudelnd kochen lassen. Zitronenabrieb dazu geben, nochmals aufkochen lassen und in gut gespülte Gläser füllen. Fest verschließen und auf dem Deckel für einige Min. auskühlen lassen.

Tipp: Sollten Marmeladen bei der Gelierprobe noch zu dünnflüssig sein, kann man den Gelierprozess mit einer weiteren Gabe Zitronensäure anregen. Dazu kann man sowohl Zitronensäure in Pulverform, als auch Zitronensaft benutzen. Bei säurearmen Früchten – wie Birnen – ergänzt Zitronensaft den Fruchtgeschmack ohnehin!

Birnen – Brombeer-Marmelade

(für ca. 5 Marmeladengläser)

600 g Birnen (geputzt und gewogen), z.B. „Williams Christ"
400 g Brombeeren (Nettogewicht)
1 Paket Gelierzucker 2:1

Birnen schälen, entkernen, in Stücke schneiden, abwiegen. Brombeeren verlesen, Stielansätze entfernen, abwiegen. Beide Fruchtsorten mit Gelierzucker aufkochen, 5 Min. sprudelnd kochen lassen, in gut gereinigte Gläser füllen. Fest verschließen und für 10 Min. auf den Deckel stellen. Umdrehen und erkalten lassen.

Tipp: Wer keine Brombeerkerne in der Marmelade möchte, streicht die Früchte vorher durch ein Sieb und wiegt erst dann auf die nötige Menge ab.

Birnen-Passionsfruchtmarmelade

600 g Birnen z.B. „Abate Fetel"
500 g Gelierzucker 1:1
4 Passionsfrüchte

Birnen waschen, schälen, entkernen. Fruchtfleisch würfeln und mit dem Schneidstab grob pürieren. Abwiegen und mit der gleichen Menge Gelierzucker vermischen. Eine Stunde ziehen lassen. Passionsfrüchte halbieren und mit einem Löffel Fruchtfleisch und Kerne ausschaben und zu der Birnen-Zucker-Mischung geben. Alles erhitzen und 5 Min. sprudelnd kochen lassen. In heiß ausgespülte Gläser füllen und für einige Min. auf den Kopf stellen.

Tipp: Sollte die Gelierprobe (einen Teelöffel Marmelade auf ein Tellerchen geben und erstarren lassen) nicht zufriedenstellend sein, ein Tütchen Zitronensäure zur Marmelade geben und nochmals aufkochen lassen.

Birnen – Karamell – Konfitüre

100 g Zucker
50 ml kaltes Wasser
50 ml kochendes Wasser
1 kg Birnen, z.B. „Williams Christ"
Saft einer Zitrone
500 g Gelierzucker 1:2
50 ml Birnengeist

Zucker mit kaltem Wasser zum Kochen bringen und bei großer Hitze zu einem Karamell einkochen. Vorsicht: wenn der Karamell braun wird, sofort vom Feuer ziehen, sonst verbrennt er und wird bitter! Kochendes Wasser unterrühren, Karamell loskochen, beiseite stellen.
Birnen waschen, schälen, entkernen und in kleine Stücke schneiden. Mit dem Schneidestab grob pürieren. Mit dem Karamell, Zitronensaft und Gelierzucker in einen großen Topf geben und zum Kochen bringen. 5 Minuten sprudelnd kochen lassen, dabei ständig rühren. Topf vom Feuer ziehen und Birnengeist unterrühren. Alles in vorbereitete Gläser füllen, fest verschließen und auf dem Deckel 5 Min. ruhen lassen.

Tipp: Rührt man den Birnengeist vor dem Kochvorgang unter die Marmelade, verliert er an Alkohol, allerdings auch ein bisschen vom speziellen Aroma. Soll Alkohol ganz vermieden werden, kann mit der gleichen Menge Granatapfelsirup (50 ml) die Marmelade rot eingefärbt werden und erhält einen anderen „Kick".

Vielseitiger als gedacht: Rezepte mit Quitten

Zugegeben, die Verarbeitung von frischen Quitten ist ein wenig mühsam. Es lohnt sich aber allemal! Erfreut und überrascht wird man mit einer fast vergessenen Geschmackskomponente in traditionellen, wie in modernen Gerichten und mit dem Wissen, dass Quitten äußerst reich an Vitaminen und Mineralstoffen sind. Der Flaum auf der Außenhaut sollte stets mit einem weichen Tuch abgerieben werden, bevor die Frucht weiter verarbeitet wird, da er Bitterstoffe enthält und so das Geschmackserlebnis beeinträchtigen könnte.

Das Kerngehäuse lässt sich leichter entfernen, wenn man Quittenviertel einige Minuten gart, etwas abkühlen lässt, das Kerngehäuse entfernt und danach die Frucht weiter verarbeitet.

Und wer meint, aus Quitten werde nur Gelee oder Marmelade hergestellt, sei hier eines besseren belehrt:

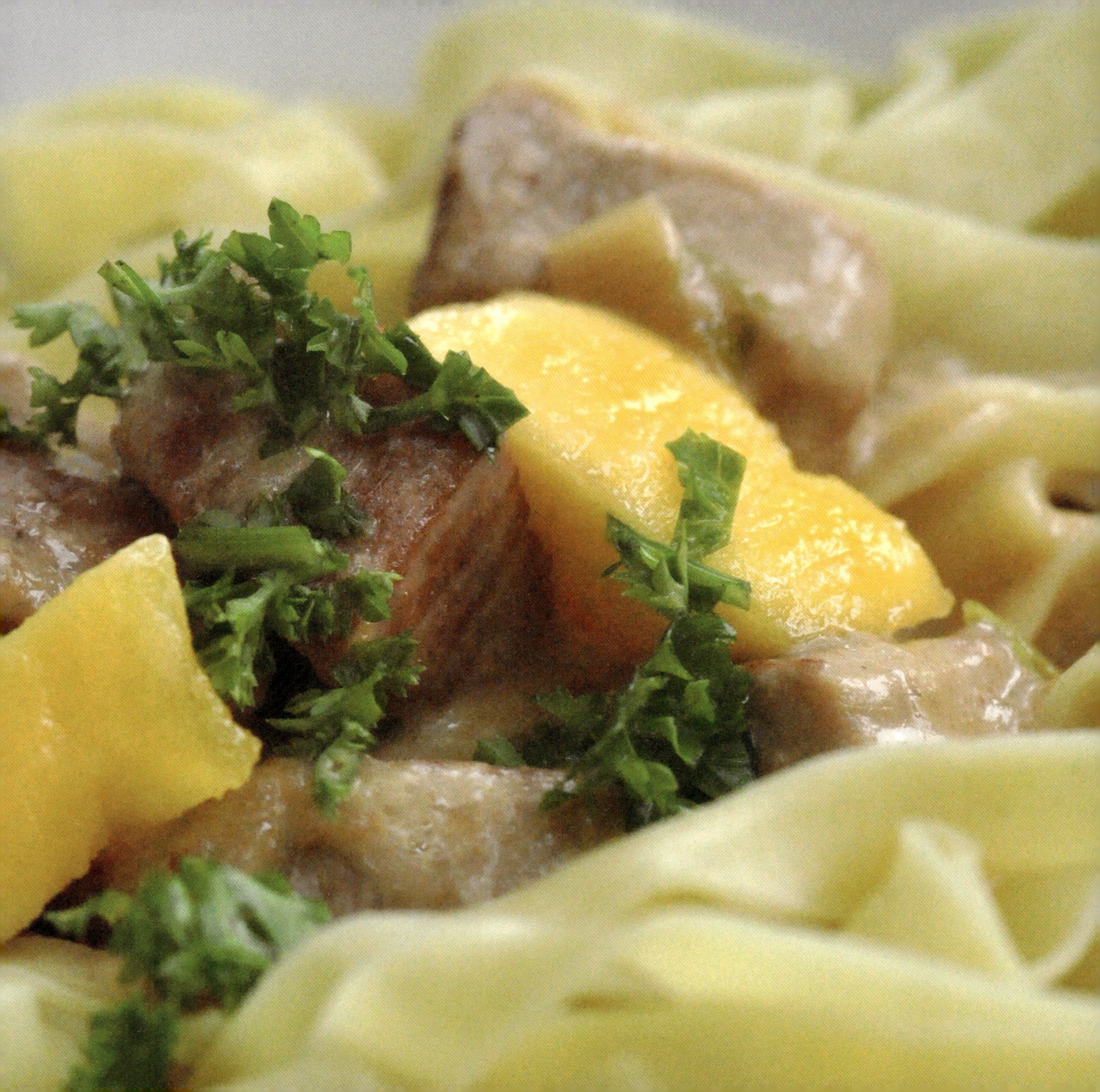

Hähnchentopf – marrokanisch

1 kleines Brathähnchen (ca. 700g)
3 El Butter
3 El Olivenöl
3 Zwiebeln
1 Tl Paprikapulver – edelsüß
1 Tl frischen geriebenen Ingwer
2 – 3 reife Quitten
2 Stangen Staudensellerie
Salz, Pfeffer
200 ml Hühnerbrühe
100 g Datteln, getrocknete Aprikosen und / oder Rosinen
1 Bund glatte Petersilie

Hähnchen in Portionen zerteilen. Zwiebeln schälen, halbieren und längs in Streifen schneiden. Die Hälfte des Öles und der Butter in einem weiten Bratentopf zerlassen und die Hähnchenteile und die Zwiebeln kräftig anbraten. Paprika und Ingwer hinzugeben, mit Salz und Pfeffer würzen und mit der Hühnerbrühe angießen. Alles ca. 40 Min. schmoren lassen.

In der Zwischenzeit die Quitten mit einem weichen Tuch gut abreiben, dann waschen, grob zerteilen und entkernen. Die zweite Hälfte Öl und Butter in einer Pfanne erhitzen und die Quittenwürfel darin anbraten, bis sie leicht gebräunt sind.

Die Quitten und Staudensellerie zu dem Hähnchenfleisch geben und alles zusammen nochmal 10 Min. schmoren. Datteln oder getrocknete Aprikosen in grobe Stücke schneiden und in den letzten Minuten mit dem Ragout erhitzen.

Tipp: Dazu schmeckt Couscous, aber auch Reis oder Fladenbrot. Die Nordafrikaner verwenden für solche Eintopfgerichte eine sogenannte Tajine. Einen glasierten Tontopf mit einem spitz zulaufenden Deckel, in dem das Gericht auch serviert wird. Die Tajine ist vergleichbar mit einem Römertopf.

Lamm – Quitten-Eintopf à la Hilde

400 g gewürfeltes Lammfleisch
Wasser, 1 Tl Salz
2 El Öl
3 Knoblauchzehen
1 große Zwiebel
2 Möhren
1 kg Quitten
2 El Tomatenmark
1 Tl Zucker
300 ml Fleischbrühe
1 Lorbeerblatt
½ Zimtstange
¼ Tl Kardamomsamen oder 3 Kardamomkapseln
4 Nelken
Salz, Pfeffer
1 Bund frische Petersilie

Fleisch in einem großen Topf mit Salzwasser bedeckt zum Kochen bringen und 20 Min. leise simmern lassen. Dabei den entstehenden Schaum immer wieder abschöpfen.
In der Zwischenzeit Knoblauch schälen und in feine Scheibchen schneiden, Zwiebel putzen und würfeln, Möhren waschen und in Stücke schneiden. Quitten abreiben, schälen, entkernen und in grobe Würfel zerteilen. Fleisch absieben, Brühe auffangen.
In einem großen Topf das Öl erhitzen, Fleisch, Zwiebeln und Knoblauch anbraten bis alles Farbe annimmt. Möhren und Quittenwürfel hinzugeben, einige Minuten schmoren lassen. Tomatenmark und Zucker zugeben und alles mit der Fleischbrühe angießen. Die Gewürze in einen Einwegteebeutel geben und in den Eintopf hängen. Alles zusammen 15 – 20 Min. köcheln. Die Quitten sollten „Form" behalten. Mit Salz und Pfeffer abschmecken und mit reichlich gehackter Petersilie servieren.

Tipp: Gewürze im Einwegteebeutel vor dem Servieren entfernen.

Ente mit Quitten-Maronenfüllung

200 g Esskastanien (Maronen)
2 Quitten
50 g Rosinen
Salz, Pfeffer
1 Tl getrockneter Majoran
1 Ente
3 Streifen Frühstücksspeck
½ Tl Salz
½ Tl Paprikapulver
3 El Kondensmilch

Maronen mit einem scharfen Küchenmesser kreuzweise einritzen und auf einem Backblech ca. 15 Min. bei 150° backen. Kurz abkühlen lassen, aber noch warm pellen. Quitten abreiben, vierteln, entkernen und in Stücke zerteilen. Maronen und Quitten sollten etwa gleich groß gewürfelt sein, alles mit Rosinen vermischen, salzen, pfeffern und Majoran hinzufügen.
Ente waschen, mit Küchenkrepp trocken tupfen und von innen salzen und pfeffern. Mischung in die Körperöffnung füllen und mit Frühstücksspeck mit Hilfe von Zahnstochern überlappend verschließen.
Ente in einen Bräter legen und eine Tasse Wasser angießen. Bei 220° im Backofen für 20 Min. braten. Danach die Temperatur auf 150° reduzieren, die Ente wenden und dabei von allen Seiten mit einer Paste aus Salz, Paprika und Kondensmilch bestreichen. Sollte die Haut zu braun werden, Braten mit Alufolie abdecken, oder einen Deckel auf den Bräter geben. Garzeit bei 150° ca. 50 Min., dabei immer wieder mit Bratenflüssigkeit – und falls nötig, auch mit Paprikapaste - begießen, bzw. bepinseln.

Tipp: Dazu passen – ganz klassisch – Rotkraut (siehe auch „Lenchens Birnenkohl") und Röstkartoffeln.

Kalbsragout mit Quitten

700 g gewürfeltes Kalbfleisch
2 El Butter
1 El Öl
1 Zwiebel
2 El Mehl
Salz, Pfeffer
1 Tl Paprikapulver- edelsüß
100 ml Weißwein
200 ml Kalbsfond (ersatzweise Fleischbrühe)
2 Quitten
1 El Maismehl
100 ml Sahne
½ Bund gehackte Petersilie

Kalbfleischwürfel mit Salz und Pfeffer gut würzen und in Mehl wenden. Butter und Öl in einer Pfanne erhitzen, die Fleischwürfel und Zwiebeln gleichmäßig braun anbraten. Paprikapulver darüber stäuben. Mit Weißwein ablöschen. Wein einkochen lassen und dann Fond oder Brühe angießen. Alles ca. 30 Min. köcheln lassen.
In der Zwischenzeit Quitten abreiben, waschen, schälen, entkernen und in Stücke zerteilen. Nach der angegebenen Zeit Quittenwürfel zum Fleisch geben und alles weitere 20 Min. köcheln lassen. Falls die Flüssigkeit zu stark verkocht, noch etwas Brühe nachgießen. Sonst Sahne mit Maismehl anrühren und das Ragout damit binden. Mit gehackter Petersilie bestreuen und Servieren.

Tipp: Dazu passen Bandnudeln oder ein Kartoffelrösti.

Crêpes mit Quittenkonfitüre

1 El Butter
180 g Mehl
2 Eier
1 El Zucker
1 Prise Salz
200 ml Milch
4 El Rapsöl
2 El Butter
Saft von 3 Orangen
4 El Quittenkonfitüre
40 ml Birnengeist oder Grand Marnier

Butter schmelzen, leicht bräunen und ein wenig abkühlen lassen. Aus Mehl, Eiern, Zucker, Salz und Milch einen dünnen Pfannkuchenteig herstellen, die gebräunte Butter unterziehen. In einer beschichteten (oder einer speziellen Crêpe-) Pfanne 8 dünne Pfannkuchen ausbacken.
Butter in der Pfanne schmelzen lassen und mit Orangensaft aufgießen, Saft auf die Hälfte einkochen lassen. Die Pfannkuchen mit je einem Esslöffel Quittenkonfitüre bestreichen, zu Vierteln zusammenklappen und in dem heißen Orangensaft erwärmen. Birnengeist zugeben und flambieren.
Sofort servieren, pro Person zwei Crêpes.

Tipp: Wer Alkohol vermeiden will, belässt es beim Orangensaft und gibt als Dreingabe zum heißen Pfannkuchen kühles Vanilleeis. Geübte Flambierer nutzen den Showeffekt und flambieren bei Tisch!

Quittenkompott mit Karamellmilch

3 Quitten
1 Vanilleschote
½ Zimtstange
3 El Ahornsirup
100 ml Weißwein
100 g Zucker
300 ml Milch
4 Blatt weiße Gelatine
200 g Schlagsahne
30 g gehackte Pistazien

Quitten, abreiben, schälen und entkernen. Vanilleschote aufschlitzen, Mark herauskratzen. Vanillemark – und schote, Zimtstange, Ahornsirup, Quittenstücke und Weißwein in einen Topf geben und zu einem stückigen Mus verkochen. Vanilleschote und Zimtstange entfernen und Kompott abkühlen lassen.
Zucker in einem Topf bei milder Hitze schmelzen, bis er Farbe annimmt. Sofort vom Herd ziehen, damit der Karamell nicht verbrennt, langsam und vorsichtig Milch zum Karamell gießen (Vorsicht, kann spritzen!) Alles nochmals aufkochen lassen, bis sich der Karamell gelöst hat. Gelatine in kaltem Wasser einige Minuten einweichen, ausdrücken und in der noch heißen Milch auflösen. Karamellmilch abkühlen lassen, wenn sie anfängt fest zu werden, die steif geschlagene Sahne unterheben. Das Kompott und die fest gewordene Milchcreme abwechselnd in Portionsgläser schichten und vor dem Servieren mit gehackten Pistazien bestreuen.

Tipp: An Stelle von Pistazienkernen schmeckt hier besonders gut Krokant. Wer ihn nicht selber herstellen will, findet fertigen bei den Backzutaten in der Lebensmittelabteilung.

Quittenbrot

1,5 kg Quitten
200 ml Wasser
Saft einer Bio-Zitrone
Etwa 700 g Zucker
½ Tl Zimtpulver
1 El Puderzucker

Quitten abreiben, waschen und in grobe Stücke teilen. Mit Wasser und Zitronensaft zum Kochen bringen und so lange kochen, bis die Quitten zerfallen. Den Fruchtbrei durch die „Flotte Lotte" drehen oder durch ein Sieb passieren. Den Quittenbrei mit der gleichen Menge Zucker aufwiegen und unter ständigem Rühren bei kleiner Hitze ca. 20 Min. weiter einkochen. Vorsicht, der Brei ist sehr heiß und kann spritzen! Der Kochtopf sollte hoch genug sein! Eine weite Auflaufform oder ein tiefes Backblech mit Backpapier auslegen, den Fruchtbrei darauf gießen und entweder auf der mittleren Schiene des Backofens trocknen (bei geöffneter Backofentür bei 70° einige Stunden). Oder mit einem Küchentuch bedeckt an einem dunklen, trockenen Ort einige Tage. Wenn die Masse dick ist, Würfel daraus schneiden oder Kugeln formen, in Zimtzucker wälzen und in einer Dose aufbewahren.

Tipp: In Zellophan verpackt und hübsch dekoriert, ist Quittenbrot ein leckeres, kleines Geschenk.

Quittentarte

100 g Puderzucker
200 g Butter
300 g Mehl
1 Ei
1 Prise Salz
Mehl zum Bearbeiten
Fett zum Ausfetten
500 g Linsen zum Blindbacken
4 Quitten
100 g Butter
100 g Puderzucker
1/8 l Sahne
3 Eier
1 Eigelb
1 Prise Zimtpulver
Saft einer halben Bio-Orange
Abrieb einer Bio-Orange
50 g Mandelstifte
Puderzucker zum Bestreuen

Aus Puderzucker, Mehl, Salz, Butter und Ei schnell einen Mürbeteig kneten, zu einer Kugel formen und im Kühlschrank 1 Std. ruhen lassen. Auf einer bemehlten Arbeitsfläche ausrollen und eine gefettete Springform (28cm) damit auslegen, dabei den Rand ca. 1-2 cm hoch formen. Teig mit einer Gabel mehrfach einstechen und mit Backpapier bedecken. Linsen einfüllen und den Teig bei 180° in 20 Min. blindbacken. Danach die Linsen und das Backpapier entfernen.
In der Zwischenzeit die Quitten abreiben, schälen, entkernen und in Spalten schneiden. Butter und Puderzucker in einer Pfanne zu einem hellen Karamell schmelzen lassen, Sahne angießen, (Achtung kann spritzen!), Karamell unter Rühren auflösen. Quitten zugeben und in ca. 20 Min. weich kochen. Wenn sie weich sind, die Quitten mit einem Schaumlöffel aus dem Karamell heben, etwas abtropfen lassen und auf dem Mürbteig verteilen. Den Karamell etwas einkochen, abkühlen lassen. Mit Eiern, Orangenschale, Orangensaft und Zimt verquirlen und über die Quitten gießen. Mit Mandelstiften bestreuen und bei 180° in ca. 40 – 45 Min. backen. Nach dem Auskühlen mit Puderzucker bestäuben.

Tipp: Zum Blindbacken eignen sich alle trockenen Hülsenfrüchte oder auch zusammengeknüllte Alufolie, so wird verhindert, dass der Teig beim Backen aufgeht. Aber in jedem Fall Backpapier unterlegen, sonst „steigt" der Teig in die Linsen oder die Folie und läßt sich nicht mehr trennen!

Quittenlikör

2 kg Quitten
200 g Zucker
5 Nelken
3 Sternanis
300 ml Wasser
1 ½ l Wodka oder Weizenkorn

Quitten mit einem weichen Tuch gut abreiben. Früchte waschen, grob zerteilen. Mit Zucker und den Gewürzen und 300 ml Wasser zum Kochen bringen und unter Rühren köcheln lassen, bis die Früchte zerfallen. Ein feines Sieb mit einem sauberen Tuch auslegen und die Früchte durchseihen und leicht ausdrücken. Flüssigkeit auffangen, mit Alkohol vermischen und in saubere Flaschen abfüllen.

Tipp: Füllen Sie Quittenlikör mit kaltem Sekt auf und Sie erhalten einen erfrischenden Aperitiv.

Halbgefrorene Vanillequitten

2 Vanilleschoten
5 Quitten
Saft und Abrieb einer Bio-Zitrone
100 ml Wasser
80 g Zucker
200 g türkischen Joghurt (10 %)
200 g Schlagsahne
4 Scheiben Honig- oder Gewürzbrot

Quitten abreiben, schälen, entkernen und in Stücke schneiden. Vanilleschoten aufschlitzen und das Mark herauskratzen. Quitten mit Zucker, Vanille und Zitronensaft in Wasser zu einem nicht zu flüssigen Mus verkochen. Vanilleschote entfernen, Mus abkühlen lassen. Das abgekühlte Mus abschmecken, - evtl. braucht es mehr Süße – mit Joghurt vermischen und die geschlagenen Sahne unterheben. Eine kleine Kastenform (max. 1 lt) mit Frischhaltefolie auslegen, Parfaitmasse einfüllen und über Nacht einfrieren. Zum Servieren die Scheiben des Honigbrotes toasten und je eine Scheibe der Parfaitmasse auflegen.

Tipp: Das Parfait braucht vor dem Servieren ca. eine halbe Stunde um anzutauen und schnittfähig zu sein, also sollte es rechtzeitig aus dem Gefrierfach genommen werden.

Ingwer – Quitten – Chutney

(für ca. 5 Gläser)

5 Quitten
2 El Öl
1 Zwiebel
1 El Ingwer - fein gewürfelt
2 Sternanis
½ Tl Fenchelsaat
50 ml Apfelessig
50 ml Birnendicksaft (ersatzweise Ahornsirup)
100 ml Wasser
½ Paket Gelierzucker 2: 1

Quitten abreiben, waschen, entkernen und in Stücke schneiden. Zwiebel abziehen, würfeln und in Öl glasig dünsten, Ingwer und Quittenstücke zugeben. Mit Sternanis und Fenchel würzen, Apfelessig, Dicksaft und Wasser zugeben und alles in 15 Min. weich kochen. Dann Sternanis entfernen und mit dem Pürierstab mixen. Abschmecken, evtl. nachwürzen und Gelierzucker hinzugeben. Das Mus mit dem Gelierzucker aufkochen und 4 – 5 Min. kochen lassen. In heiß ausgespülte Gläser füllen, fest verschließen. Zum Auskühlen die Gläser für die ersten 5 Min. auf den Deckel stellen.

Tipp: Da Quitten viel Pektin enthalten, gelieren sie leichter als andere Obstarten. Eventuell braucht es also nicht so viel Gelierzucker. Sollte das Mus schon ohne Zucker zum Gelieren neigen (Gelierprobe), die Menge Zucker halbieren.

Quitten süß – sauer eingelegt

(für ca. 4-5 Gläser á 0,5l)

1 kg Quitten – schon geputzt gewogen
300 ml Apfelessig
400 ml Wasser
100 g Honig
1 Stange Zimt
4 Sternanis
2 Nelken
4 Kardamomkapseln

Quitten abreiben, schälen, entkernen, in grobe Stücke zerteilen und zu einem Kilo abwiegen. Auf die gut ausgespülten Gläser verteilen. Aus Essig, Wasser, Honig und den Gewürzen einen Sirup kochen. Abkühlen lassen, dann über die Quitten geben. Gläser gut verschließen und im Wecktopf bei 90 ° in 40 Min. sterilisieren.

Tipp: Die eingelegten Quitten passen gut zu Grillfleisch, kaltem Braten und Käse.

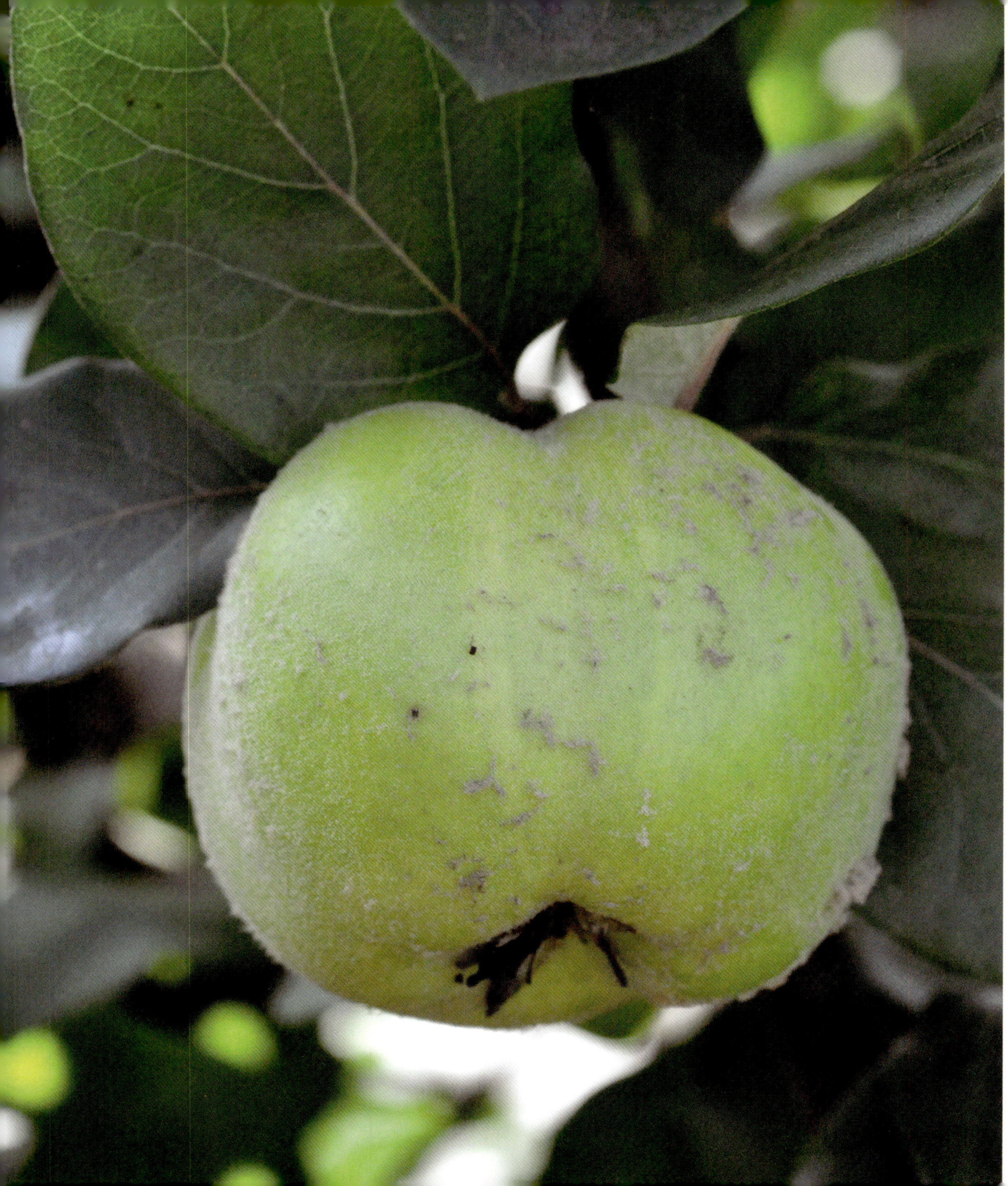

Quittensenf

(für etwa 3 Marmeladengläser)

5 Quitten
1 Zwiebel
50 g Zucker
50 ml Apfelessig
2 El Senf – mittelscharf
3 El Senf – süß
Salz, Pfeffer

Quitten abreiben, waschen und grob zerteilen, Zwiebel abziehen und in Stücke schneiden. Beides mit Zucker und Apfelessig und wenig Wasser zum Kochen bringen. Unter gelegentlichem Rühren und mittlerer Hitze kochen, bis die Quitten zerfallen. Alles durch die Flotte Lotte drehen, oder durch ein Sieb passieren. Quittenbrei mit Senf vermischen. Mit Salz und Pfeffer würzen, abschmecken – je nach Geschmack noch die eine oder andere Senfsorte hinzugeben. Nochmal erhitzen – nicht mehr kochen, und den Quittensenf heiß in die vorbereiteten Gläser füllen.

Tipp: Senf verliert beim Kochen an Schärfe und Aroma, da das Senföl sehr flüchtig ist. Deshalb senfhaltige Speisen nicht mehr kochen, bzw. den Senf erst ganz zum Schluss hinzugeben. In diesem Falle muss das Quittenmus jedoch aus Sterilitätsgründen nochmal erhitzt werden! Probieren Sie den Quittensenf zu Kasseler, feiner Bratwurst oder auf Leberwurst.

Quittenkonfitüre

1 kg Quitten
1 Vanilleschote
Saft einer Bio-Zitrone
500 g Zucker
50 ml Quittenlikör

Quitten abreiben, waschen und grob zerteilen. Mit zwei Tassen Wasser und dem Zitronensaft. Zum Kochen bringen. Vanilleschote aufschneiden, Mark auskratzen und beides, Schote und Mark zu den Quitten geben. Bei mittlerer Hitze in 30 Min. zu Mus zerkochen. Das Mus durch die „Flotte Lotte" drehen, Zucker hinzugeben und 30 Min. köcheln lassen, dabei immer wieder rühren.
Quittenlikör (Rezept siehe oben) zufügen und alles in vorbereitete Gläser füllen und fest verschließen.

Tipp: Wie bereits erwähnt, gelieren Quitten wegen ihres Pektingehaltes besser als andere Obstarten, deshalb enthält dieses Rezept „nur" normalen Zucker.

Quittengelee mit Blüten

(für 5-6 Marmeladengläser)

2 kg Quitten
Saft einer Zitrone
1 l Wasser
1 Paket Gelierzucker 1:1
Essbare Blüten z.B. Stiefmütterchen, bzw. Hornveilchen, Gänseblümchen, Borretschblüten o.ä.

Quitten abreiben, waschen und in grobe Stücke teilen. Mit Wasser und Zitronensaft zum Kochen bringen und zu einem Brei zerkochen. Ein Sieb mit einem Mulltuch auslegen, den Quittenbrei und -saft hineingeben und die Flüssigkeit auffangen. Gut austropfen lassen. Wenn der Brei abgekühlt ist, das Mus mit Hilfe des Handtuches nochmals ausdrücken. 1 Liter Flüssigkeit abmessen.
Gelierzucker und Quittensaft in einen hohen Topf geben und zum Kochen bringen. Unter ständigem Rühren 5 Min. sprudelnd kochen lassen, eventuell den auftretenden Schaum abschöpfen.
Die Gläser zu einem Viertel mit Gelee füllen, das Gelee einige Min. abkühlen lassen, dann die Blüten einlegen. Wieder ein Viertel Gelee einfüllen, einige Minuten abkühlen lassen, wieder Blüten einlegen und so weiter, bis die Gläser gefüllt sind. Gläser auf den Deckel stellen und nach 5 Minuten umdrehen, damit sich die Blüten gleichmäßig verteilen.

Tipp: Mit den Blütenblättern ist das Gelee nicht so lange haltbar wie übliche Gelees.

BAUMSCHULE ALTE OBSTSORTEN und OBSTMUSEUM POMARIUM ANGLICUM

Mitten im Angelner Hügelland zwischen der Flensburger Förde und der Schlei, unweit der Ostsee betreibt Meinolf Hammerschmidt die Baumschule Alte Obstsorten, die auf die Anzucht alter Obstsorten spezialisiert ist. Der Baumschule angeschlossen ist das Obstmuseum Pomarium Anglicum dessen Sortengarten heute annähernd 750 verschiedene lokale, regionale und überregionale Apfelsorten enthält.

Ortsteil Winderatt
24966 Sörup

www.alte-obstsorten.de
www.pomarium-anglicum.de

Literatur:
Alma de l'Aigle: Ein Garten, Claassen & Goverts Verlag GmbH, Hamburg, 1948; Neuauflage: Hrsg.: Anke Kubier, Dölling und Galitz, Hamburg, 1996
Herbert Petzold: Birnensorten, Verlag J. Neumann-Neudamm, Melsungen, 1984
Franz Mühl: Alte und neue Birnensorten, Obst- und Gartenbauverlag, München, 1991
Willi Votteler: Verzeichnis der Apfel- und Birnensorten, Obst- und Gartenbauverlag, München, 1993

MEINOLF HAMMERSCHMIDT
Der Gärtnermeister und Lehrer arbeitete viele Jahre im Entwicklungshilfeprojekten in Afrika und sammelt seit 25 Jahren alte Obstsorten und deren Geschichten in Schleswig-Holstein. Er kämpft für den Erhalt der genetischen Vielfalt mit einer umfassenden Sortensammlung und hat in Winderatt/Sörup eine Baumschule für die Nachzucht historischer Obstsorten und ein Obstmuseum aufgebaut. Er ist Mitbegründer des Pomologenvereins e.V.

WALTER KARBERG
Mit großer Liebe zum Detail brachte der in Berlin lebende Maler und Zeichner eine Vielzahl von Apfel- und Birnensorten zu Papier. Nach Dozententätigkeit und einer Professur an der Fachhochschule für Sozialarbeit und Sozialpädagogik in Berlin gibt es seit 1978 regelmäßige Ausstellungen des Künstlers, der bereits 4 Jahre in afrikanischen Ländern verbrachte.

STEFFI BRÜGGE
Die freie Fotografin arbeitet in Hamburg vorwiegend für Lifestyle-Themen. Ihre Aufnahmen bestechen durch einen genauen Blick. Steffi Brügge muss weder Lebensmittel noch Speisen groß inszenieren, um sie als verführerische Objekte abzulichten. Es gelingt ihr mit Geduld, Erfahrung und Talent, so dass einem beim Durchblättern des Buches das Wasser im Munde zusammenläuft

GABRIELE SCHMIDT
Die gebürtige Rheinländerin entdeckte ihre Leidenschaft für das Kochen in den 70er Jahren. Während zwanzig Jahren in Schleswig-Holstein, mitten in Angeln, kultivierte sie diese Leidenschaft durch die Arbeit als Dozentin für Kochkurse an der Volkshochschule. Die gesammelten Landfrauenrezepte hat sie für diesen Band ausgewählt und manche auch vergessene Rezepte wiederbelebt. Gabriele Schmidt lebt heute mit ihrer Familie in Genua, Italien.